*La divergence du futur*
d'Hervé Fischer
est le mille trente-septième ouvrage
publié chez VLB éditeur.

Directeur littéraire : Alain-Nicolas Renaud
En couverture : *Malevitch QR*, d'Hervé Fischer

Catalogage avant publication de Bibliothèque et Archives nationales du Québec et de Bibliothèque et Archives Canada
Fischer, Hervé, 1941-
*La divergence du futur*
ISBN 978-2-89649-451-4
1. Société informatisée. 2. Ordinateurs et civilisation. I. Titre.
HM851.F574 2014 303.48'34 C2014-941691-1

VLB ÉDITEUR
Groupe Ville-Marie Littérature inc.*
Une société de Québecor Média
1010, rue de La Gauchetière Est
Montréal (Québec) H2L 2N5
Tél. : 514 523-7993, poste 4201
Téléc. : 514 282-7530
Courriel : vml@groupevml.com
Vice-président à l'édition : Martin Balthazar

DISTRIBUTEUR :
Les Messageries ADP inc.*
2315, rue de la Province
Longueuil (Québec) J4G 1G4
Tél. : 450 640-1234
Téléc. : 450 674-6237
* filiale du Groupe Sogides inc., filiale de Québecor Média inc.

VLB éditeur bénéficie du soutien de la Société de développement des entreprises culturelles du Québec (SODEC) pour son programme d'édition.
Gouvernement du Québec – Programme de crédit d'impôt pour l'édition de livres – Gestion SODEC.
Nous reconnaissons l'aide financière du gouvernement du Canada par l'entremise du Fonds du livre du Canada pour nos activités d'édition.
Nous remercions le Conseil des arts du Canada de l'aide accordée à notre programme de publication.

Dépôt légal : 3e trimestre 2014


www.editionsvlb.com

# La divergence du futur

Du même auteur

*Art et communication marginale*, Paris, Balland, 1974
*Théorie de l'art sociologique*, Paris, Casterman, 1977
*Citoyens sculpteurs*, Paris, SEGEDO, 1980
*L'Histoire de l'art est terminée*, Paris, Balland, 1981
*L'oiseau-chat, roman-enquête sur l'identité québécoise*, Montréal, Éditions La Presse, 1983
*La Calle ¿Adonde llega?*, Mexico, Arte y Ediciones, 1984
*Le choc du numérique, le triomphe des cyberprimitifs*, VLB éditeur, 2001
*Le romantisme numérique*, Montréal, Fides-Musée de la civilisation, 2002
*Les défis du cybermonde*, collectif sous la direction d'Hervé Fischer, Presses de l'Université Laval, 2003
*CyberProméthée, l'instinct de puissance à l'ère du numérique*, VLB éditeur, 2003
*La planète hyper, de la pensée linéaire à la pensée en arabesque*, VLB éditeur, 2004
*Le déclin de l'empire hollywoodien*, VLB éditeur, 2004
*Nous serons des dieux*, VLB éditeur, 2006
*La société sur le divan. Éléments de mythanalyse*, VLB éditeur, 2007
*Québec Imaginaire et Canada réel*, VLB éditeur, 2008
*Un roi américain*, VLB éditeur, 2009
*L'avenir de l'art*, VLB éditeur, 2010
*L'âge du numérique: puissance mythique et effervescence magique*, Éditions François Bourin, Paris, 2014

Sites web:
www.hervefischer.net
www.hervefischer.com

Hervé Fischer

# La divergence du futur

*Essai*

vlb éditeur
Une société de Québecor Média

# Introduction

Nous sommes tous partie prenante de la grande marche de l'humanité à la conquête d'elle-même dans un univers étrange. Chacun de nous appartient à l'une de ces bandes humaines des plus diverses qui s'affairent et rivalisent partout sur la planète. Parmi les hommes, beaucoup marchent dans le rang, sans s'interroger au-delà de leur routine quotidienne: *c'est la vie.* Beaucoup sont sacrifiés par leurs élites, sans qu'ils puissent penser à une alternative. Les prédateurs de petite et de haute volée dominent, guettent leurs proies. L'injustice, l'exploitation, la corruption et les haines font leurs ravages. Plusieurs se rebellent au nom de causes humanitaires et s'engagent généreusement: *la vie est un combat.* D'autres ne visent que l'argent et le pouvoir. L'un par l'autre et réciproquement. Et ceux que la vie a nantis s'ébaudissent dans la jouissance immédiate de la consommation, tandis que les gagne-petit, dans leur ombre, luttent quotidiennement pour leur dignité et leur survie. La société humaine est un scandale permanent. Des anarchistes se révoltent. Des idéalistes rêvent tout haut. Et si leurs visions sont grandes, leurs frustrations le sont encore plus. Aujourd'hui les postmodernes revendiquent la lucidité d'un constat désabusé du cahin-caha quotidien. Leur intelligence et leur désillusion historique l'emportent nettement sur l'ingénuité de ceux qui voudraient encore croire au progrès.

Face au sentiment d'impuissance et à la résignation vantée comme une sagesse, quelques insatisfaits sortent du rang et cherchent à leurs risques et périls des chemins divergents. Ils ne sont pas de ces gens raisonnables qui pensent que c'est à eux de s'adapter au monde comme il va. Au contraire, ils découvrent dans les crises répétées de nos sociétés des raisons pour croire que c'est le monde qui doit changer et non pas eux, et qu'ils peuvent y contribuer. Ils osent penser le monde autrement et même imaginer d'autres mondes possibles. Ainsi, Parménide enseigna contre toute évidence que la Terre était sphérique et en équilibre dans l'espace « parce qu'elle n'[avait] aucune raison de tomber d'un côté plutôt que de l'autre ». Et Archimède était si convaincu de ses idées nouvelles qu'il osa déclarer, tel un savant fou : « Donnez-moi un point d'appui et un levier, et je soulèverai le monde. » Aujourd'hui, au cœur même de la résignation postmoderne, les hommes ne cessent de s'interroger. Car, quoi qu'on ait pu croire, dire ou découvrir, l'origine et la destinée de l'univers demeurent les deux incontournables points d'interrogation du long cheminement de notre évolution. La création, si elle fut divine, fut assurément la plus grande divergence qui se puisse concevoir. Et pour les athées, la création *ex nihilo* demeure tout aussi impensable que l'éternité atemporelle de la matière-énergie. À l'origine du monde, il y a la divergence. La non-divergence initiale est impensable. Et devant nous existe la diversité des futurs. Le temps n'est pas « un fleuve » comme l'écrivait Borges, il n'est ni linéaire, ni long, ni tranquille, ni bouillonnant, mais il est un immense océan qui pousse aux quatre points cardinaux ses marées, ses vents, ses poissons, ses bateaux, ses plages, mais aussi ses tempêtes vers la diversité des continents. Nous ne pouvons plus parler légitimement de *la* culture, ni *du* futur, mais il nous faut apprendre à conceptualiser la diversité des futurs possibles, bons et mauvais, comme nous pensons la diversité des cultures.

Toutes les civilisations, toutes les cultures ont inventé leurs mythes de l'origine et de la destinée, qui sont devenus leurs enracinements identitaires. Dans *La société sur le divan. Éléments de mythanalyse* (2007), j'ai soutenu que la formation de la pensée mythique est d'origine biologique. J'en situe la genèse toujours renouvelée et actualisée dans le « carré parental » où le nouveau-né voit le monde naître à lui, entre sa mère, son père et l'Autre, les figures familiales culturellement déterminées avec lesquelles il construit son interprétation du monde incluant son propre corps, selon ses émotions, ses désirs et ses fabulations.

Les créationnistes croient à un calendrier court entre la Création divine et l'Apocalypse suivie de l'éternité au paradis ou en enfer. Les athées, qui considèrent la Bible comme un récit parmi d'autres, tentent inlassablement de reconstituer l'origine de la matière et de la vie selon un calendrier de milliards d'années, qui s'allonge régulièrement, non sans vraisemblances astrophysique et paléontologique. Quant à l'aboutissement de cette évolution, ils prétendent décider eux-mêmes de ses buts et s'emploient à leur réalisation. En d'autres termes, les croyants situent le sens de la vie dans le mythe de l'Origine divine, tandis que les athées le situent dans le mythe du Progrès humain à venir. Les uns comme les autres fondent donc leurs espoirs dans leur croyance au Bien qu'ils veulent réaliser, les uns dans leur vie individuelle pour le salut de leur âme, les autres dans la vie collective pour le salut de l'humanité.

Ces scénarios de vie demandent beaucoup d'efforts, l'un dans l'ascèse et la piété religieuse, l'autre dans l'engagement et l'action sociale. À mon sens, la prédétermination des protestants demeure le pire des scénarios dans tous les cas, le plus masochiste et fataliste. Quant au bouddhisme, c'est un désengagement de l'aventure humaine qu'il propose, dans la recherche du nirvana. Comme je l'ai suggéré dans *La société sur le divan*, il faut savoir choisir son mythe, car il y en a de bons et de mauvais. Il y a les mythes de soumission et d'aliénation religieuse, les mythes de renonciation, et il y a les mythes prométhéens, les libérateurs, qui fondent la création et l'accomplissement humains, et malheureusement aussi, les fascistes, qui sont les plus toxiques, avec leur bruit de bottes en cadence.

Aussi lucide que puisse être la démystification critique par les philosophes postmodernes de la société actuelle, il n'en demeure pas moins que l'homme ne peut rejeter les grands mythes du monothéisme ou du progrès rationnel sans retomber dans l'archaïsme païen. Il se résigne alors à « bricoler sa vie au mieux des circonstances », selon l'expression de Michel Maffesoli. Il prétend seulement « se sculpter lui-même », comme le revendique Michel Onfray, sans se reconnaître aucune autre responsabilité sociale que l'enseignement d'une lucidité collective désillusionnée. Voilà bien son défaut d'être, son talon d'Achille. Être, sans vouloir se dépasser soi-même dans une création collective du futur, constitue un renoncement ontologique. On abandonne le mythe et l'espoir de la création pour célébrer la finesse du constat sans issue. La postmodernité est un désenchantement accepté. Mais seuls les privilégiés peuvent en célébrer la sagesse dans une jouissance individuelle.

Laissons Dieu reposer en paix à jamais, et avec lui le mythe biblique de l'origine du monde. J'opte, tout à l'opposé, pour le mythe du Progrès, qui peut seul réenchanter le monde, si nous ne le concevons plus comme un projet linéaire, mais comme un foisonnement créatif de possibilités humaines, en le conjuguant avec courage persévérant que célèbre le mythe de Sisyphe.

### *Déchiffrer la syntaxe du monde*

Mais il faut bien l'admettre : les cultures occidentales croient encore au mythe du dieu créateur et juge, et l'athéisme y demeure marginal et confus. Les religieux ont toujours affirmé savoir interpréter le monde et la vie, leur origine et leur finalité mieux que quiconque, et surtout beaucoup mieux que les agnostiques et les athées. Toutes les sociétés ont institutionnalisé des réponses sophistiquées dans les récits mythiques qu'elles ont inventés et sur lesquels elles ont fondé leurs valeurs, leur identité et leur organisation. Chaque société a cru à la vérité et à l'universalité de ses croyances, même si ces récits mythiques sont d'une grande diversité et nous apparaissent très contradictoires.

Le mythe biblique et les monothéismes qui sont nés de ses diverses interprétations ont institué une sorte de dualisme qu'ignoraient les cultures païennes, en opposant l'esprit à la matière. La philosophie idéaliste, depuis Platon jusqu'à Hegel, a décliné ce dualisme sous l'égide du Vrai, de Dieu, puis de la Raison. Au nom du culte de l'Homme, la Révolution française a substitué terme à terme à la trilogie divine du Vrai, du Bien et du Beau celle de la Raison, du Progrès et de l'Histoire. Et la modernité s'est fondée sur le progrès de la philosophie et de la science, les deux filles de la Raison.

Depuis la Renaissance, renouant avec l'Antiquité grecque, nous avons « laïcisé » la Nature, nous pensant capables de la déchiffrer grâce à la science pour mieux la dominer et l'exploiter techniquement. En lui enlevant une part de son mystère, nous avons humanisé la nature, et « naturé » l'homme à nouveau, comme les sociétés premières, mais selon une vision matérialiste.

Nous avons redécouvert que nous sommes par notre constitution physique et chimique des animaux issus de la nature, et que nous ne saurions nous en dissocier. Nous pensons avec ses structures mêmes. Cette homogénéité entre nature et espèce humaine – comment pourrait-il en être autrement? – remet en question le dualisme kantien. Emmanuel Kant avait exprimé le principe de prudence dont nous avions besoin au XIX$^{e}$ siècle pour ne plus tomber dans des abus de la scolastique théologique. Ses *Prolégomènes à toute métaphysique future* avaient ce grand mérite. Mais Kant plaçait ainsi l'homme dans un statut de non-communication et de séparation totale d'avec la nature. Limitant les capacités de notre cerveau à une interprétation phénoménologique, extérieure à l'être en soi, il imposait un fossé insurmontable entre l'homme et la matière. Il nous réinstallait dans les ombres et les illusions de la caverne platonicienne, incapables de leur tourner le dos pour découvrir les vérités en soi. Aujourd'hui, contre Kant, il faut affirmer que nous participons au langage même de la nature. Nous pensons avec la chimie et l'électricité de la nature. La pensée est de nature biologique. Nous rejetons la vision idéaliste qui, de Platon à Kant, nous apparaît schizophrénique. Certes, la phénoménologie de Husserl et de Merleau-Ponty nous rappelle que le monde est là, tissé serré, antérieur à ce que nous en voyons, à la conscience que nous en avons. Mais il n'en demeure pas moins que nous lisons le monde. Nous le déchiffrons, même si cela demeure encore très partiel. Car nous sommes en osmose avec lui, avec ses structures, ses lois, ou, pourrait-on même dire, avec sa syntaxe. Contrairement à l'affirmation de Jacques Monod selon laquelle l'homme est un accident marginal de l'évolution, dû au hasard, dans un univers qui lui est totalement étranger, nous devons nous réconcilier intimement avec cet univers. À l'opposé du sentiment contemporain de l'absurde, cette alliance retrouvée est aussi une source de bonheur et d'apaisement dont nous avons bien besoin.

Mais cette conception ne saurait nous limiter dans notre liberté passivement face à la nature et au déchiffrement que nous en faisons. Notre réconciliation avec la nature, notre appartenance à la syntaxe de la nature n'excluent pas la pensée divergente, bien au contraire, puisque la nature elle-même nous en donne l'exemple dans son évolution. Dans notre vision matérialiste, le sens, identifié au progrès humain, que nous voulons donner à notre aventure collective, ne relève plus d'une sagesse supposée de la Nature, ni de la Providence, mais de notre volonté d'imposer un sens humain à la nature.

Certes, lorsqu'on observe l'infinie diversité des formes de vie qui foisonnent dans la faune et dans la flore, on ne compte plus les chimères, étranges, surréalistes, obscures, inventives, même contradictoires, dont la nature est capable. Il ne faut pas tant s'étonner alors que, parmi tous les animaux, l'homme se trouve à être celui qui est capable des idées les plus audacieuses pour mettre son environnement à sa main, et même pour modifier l'évolution de sa propre espèce. En comparaison, nos préoccupations morales ne sont sans doute, à l'échelle de l'univers, qu'un détail marginal, même si nous nous en targuons d'autant plus qu'elles ne semblent se manifester chez aucune autre espèce, ni dans la nature en général, où nous ne lisons qu'une évolution astrophysique, géologique et biologique certes fabuleuse, mais amorale. Cette volonté morale, qui se veut transformatrice de notre évolution, est une décision exclusivement humaine, « antinaturelle », dirait Darwin, que nous assumons à nos risques et périls en prenant en main le jeu de cartes de la nature pour le distribuer nous-mêmes, avec le but de gagner, dans le jeu de toutes les combinatoires possibles, un statut supranaturel.

Et en ce tournant de millénaire, nous vivons la puissance nouvelle de notre technoscience et, notamment, l'émergence de l'âge du numérique nous confronte à une bifurcation extraordinaire de l'histoire de l'humanité, une mutation d'une extrême rapidité, fascinante et déroutante. Mais que se passe-t-il exactement ? Ces progrès de la science et de la technologie, que nous avons nous-mêmes créés, nous mettent face à de nouveaux défis qui nous apparaissent désormais comme des crises menaçantes.

Voulant être de son temps, la bibliothèque d'un village que je ne nommerai pas avait décidé de jeter tout livre antérieur à 1985 pour libérer ses locaux un peu étroits. *L'archipel du Goulag* de Soljenitsyne trônait dans une poubelle au vu de tous. Comme je m'en étonnais auprès de la bibliothécaire, celle-ci se justifia en soulignant que le monde d'aujourd'hui change vite et qu'une bibliothèque ne saurait conserver des livres trop anciens. Et elle vérifia devant moi la date d'impression du livre, bien antérieure à cette date aussi arbitraire que fatidique du progrès.

Vertige du temps ? Il est vrai que le monde autour de nous se transforme plus vite que nous-mêmes, plus vite que notre conscience, nos idées et nos valeurs. Nous sommes confrontés à des questionnements inédits. Pour les uns, c'est une crise ; pour les autres, c'est le progrès. La vitesse des changements, voire leur accélération, met les uns sur la défensive et plonge les autres dans une grande excitation. Nous sommes entrés dans une ère de bouleversements, dont la spirale semble devenir plus technologique qu'humaine. On nous cite ici aussi bien les OGM que les technologies numériques, l'écologie que les nanotechnologies, les réveils identitaires que la globalisation, la montée des intégrismes que l'obsession du divertissement, l'exploitation violente de la nature autant que celle des hommes.

Il ne suffit donc pas de courir : encore faut-il savoir où nous nous précipitons si vite, et pourquoi. On peut innover pour le meilleur, mais aussi pour le pire. Et si nous croyons au progrès, il est nécessaire d'arrimer notre liberté et notre créativité à la conscience de notre responsabilité. On ne saurait opposer comme jadis le réalisme et l'éthique. L'action exige d'ancrer l'un dans l'autre. D'autant plus qu'aujourd'hui, l'innovation n'est plus une qualité réservée aux artistes et aux chercheurs. La créativité et l'éthique sont désormais des vertus qu'on attend de chacun, des financiers autant que des artisans, des industriels autant que des fonctionnaires, des agriculteurs et des comptables autant que des médecins. Tous sont confrontés à cette nécessité. Nous consultons le Web avant de prendre rendez-vous chez le médecin et nous lui objectons éventuellement les informations que nous y avons lues. Les agriculteurs aussi bien que les pêcheurs suivent les cours des marchés en ligne et confient à des ordinateurs le contrôle de leurs sites d'élevage, de la chaîne du froid et de la qualité biologique et éthique de leurs produits. Les financiers sont soumis à la vitesse et à la nervosité des réseaux numériques où s'affichent en temps réel les variations boursières, et recourent à l'intelligence artificielle de « robots » qui calculent en nanosecondes les marges de profit disponibles et décident pour eux. Mais ils sont confrontés aussi à l'opinion publique, qui dénonce de plus en plus leur cupidité et leur cynisme. Les sportifs suivent leur entraînement, leur diète et leurs performances sur les écrans. Et les commissions de contrôle antidopage aussi. Les industries culturelles dépendent de plus en plus des performances des technologies numériques. Innovation et équité sont devenues des exigences sociales auxquelles on ne saurait se soustraire sans risque politique, scientifique ou commercial.

Figure emblématique de la Renaissance, Léonard de Vinci se flattait d'avoir inventé toutes sortes de machines, et aussi d'avoir fait quelques peintures. Plus récemment, les artistes du Bauhaus n'ont pas jugé indigne d'eux de se consacrer à l'innovation dans les formes et les fonctions des objets de la vie quotidienne, chaises, tables, cuillers, casseroles, aussi bien que dans celles des machines industrielles et des automobiles. Aujourd'hui, cela étant acquis, on s'attend à ce que les créateurs en arts numériques travaillent aussi pour les industries du cinéma, de la télévision, des textiles et de la mode. Et déjà plusieurs d'entre eux abordent les biotechnologies humaines, animales et végétales.

On admettra que les technologies numériques sont le domaine par excellence de l'innovation, tant les développements y ont été rapides, puissants et extensifs. Et l'âge du numérique n'en est encore qu'à ses premiers balbutiements : il faut s'attendre à des innovations spectaculaires, dont nous n'avons encore aucune idée, d'autant plus que l'innovation numérique bouleverse aussi la vie sociale et politique.

Il faut donc cesser de cloisonner nos catégories professionnelles, culturelles et politiques, et d'opposer le réel et l'imaginaire, les peurs et les espoirs. Nous sommes tous liés au même futur collectif, quels que soient notre activité, notre lieu de vie, notre éducation, nos privilèges ou notre misère, tous sur le même navire, qui est plus petit que nous le pensions. Et les technologies numériques deviennent aujourd'hui un catalyseur puissant de cette réunification de l'homme créateur avec lui-même, parce qu'elles favorisent nos échanges personnels, notre conscience planétaire, nos capacités de gestion autant que d'innovation, et notre sens de la responsabilité. Nous ne devrions aucunement en avoir peur, ni opposer humanisme, technologie, nature et culture, qui se rejoignent désormais avec plus de liens explicites que jamais. C'est nous-mêmes qui créons et partageons toutes ces déclinaisons de nos besoins et de nos réponses.

L'innovation n'est plus une spécialisation. C'est le meilleur de l'homme, en chacun de nous et dans tout ce que nous faisons. Non pas parce que nous condamnons un passé qui deviendrait obsolète – car c'est du passé que nous apprenons à construire le futur –, mais parce que nous avons pleinement conscience que nous sommes encore loin de nous-mêmes, de ce que nous pouvons accomplir ensemble. Dans notre époque de désenchantement postmoderne, marquée par un sentiment général de résignation, il faut réaffirmer notre volontarisme et rappeler que le progrès n'est ni une garantie préprogrammée ni une illusion. Il dépend de nous seuls. L'innovation n'est pas que le moteur du progrès technoscientifique. Elle est aussi le moteur du progrès humain que nous voulons accomplir. Le destin n'existe pas plus que la fatalité. Pas plus que la Providence. Nous sommes aux commandes de l'avenir, et nous n'osons pas le croire, ni l'assumer.

Personne ne nous libérera jamais de notre liberté. Le rythme de l'évolution de notre espèce est devenu prodigieux. Des gourous nous imaginent bientôt en cyborgs. Comment allons-nous nous adapter à cette accélération de notre révolution technoscientifique qui nous annonce une mutation anthropologique ? La puissance de la pensée linéaire qui a fondé la modernité devient une faiblesse et une forme d'inertie, face à toutes les directions qui s'ouvrent. Notre esquif spatial a-t-il encore une quille ? Il ne s'agit pas de cartographier les espaces inconnus vers lesquels nous fonçons. Il s'agit de dessiner les territoires nouveaux que nous concevons. L'immense difficulté tient au fait que nous les créons souvent à notre insu, n'ayant pas vraiment la conscience précise des conséquences pour demain de la technoscience que nous développons aujourd'hui.

Le progrès technique nous a conduits à la maîtrise d'une telle puissance instrumentale que l'homme ne peut plus s'en remettre à un prétendu destin, ni invoquer la miséricorde de Dieu, même si nous entendons encore chaque jour cette vieille ritournelle.

« Du possible, du possible, sinon j'étouffe ! » s'exclamait le bourgeois de Kierkegaard en arrachant son col de chemise. L'homme d'aujourd'hui est face à sa liberté, qui est un chant nouveau. Et comme le soulignait le philosophe marxiste Henri Lefebvre, « c'est le possible qui permet de saisir le réel humain » à condition que nous le déchiffrions attentivement (*Critique de la vie quotidienne, II*). Mais en sommes-nous capables ? Ce qui est certain, c'est que nous ne pouvons plus accepter le monde humain tel qu'il est.

### *L'âge du numérique triomphe de la postmodernité*

Le postmodernisme a procédé en Occident à une démystification irréversible du rationalisme classique et positiviste autant que du monothéisme, bref de ces grandes croyances et récits fondateurs que nous avions institués et dont nous abusions, et des mythes qui les portaient : Dieu encore, mais surtout, depuis la Révolution française, l'Histoire, le Progrès, la Raison.

On ne saurait nier cette perte radicale de crédibilité de la modernité, qui s'est imposée à nous au lendemain de la Seconde Guerre mondiale et de la Shoah, et au regard des terribles violences humaines qui n'ont cessé de se perpétuer depuis. Michel Maffesoli a clairement montré comment l'humanité s'est diluée en masses fractales. Et il a décrit l'avènement de « l'homme postmoderne », qui est plus tribal et moins républicain, plus émotif et moins rationnel, et donc plus enclin à la jouissance immédiate qu'au sacrifice pour un idéal collectif toujours remis à demain (*Homo eroticus*, 2012). L'homme postmoderne ne peut plus croire à rien, si ce n'est – et ce n'est pas rien – au plaisir immédiat. Après les héroïsmes désillusionnés, nous nous sommes retrouvés depuis les années 1970 dans un monde païen et dionysiaque, soumis au destin, alors que nous avions cru à l'histoire d'une grande aventure humaine en quête de son Progrès. Il n'y aurait plus de futur porteur d'espoir. On en serait réduit à un présentisme confus, dont il faudrait apprendre à se contenter en tentant de tirer son épingle du jeu. Après le grand refoulement exigé par l'austérité et l'autorité du monothéisme puis du rationalisme classique, la postmodernité a libéré une grande vague de défoulement collectif, de liberté et de diversité sexuelle autant que de pensée, de comportement, d'aventure et de transgression, y compris dans la manière de s'habiller, de se distraire, de s'affirmer. J'ai montré dans *La planète hyper* (2003) comment nous sommes passés ainsi de la pensée linéaire à la pensée en arabesque, qui avance par associations et configurations.

Mais l'idéologie postmoderne, parce qu'elle a eu la lucidité de démystifier nos croyances religieuses et rationalistes, impliquait finalement notre acceptation des fatalités. Et ce monde, comme il va, demeurant incontestablement insatisfaisant pour des milliards d'êtres humains, et donc scandaleux aux yeux mêmes des privilégiés ayant tant soit peu de conscience éthique, cette démystification était intenable. Elle ne pouvait se maintenir plus longtemps que ne peut durer une purge. Après, il faudrait recommencer à s'alimenter, à espérer, à croire, et à construire notre vivre-ensemble. Même si nous aimons encore les films catastrophes, les romans de fin du monde, les musiques apocalyptiques, le théâtre de l'absurde, les œuvres d'art désespérantes, nous commençons à nous en lasser, par saturation.

Il nous faut donc remettre en question cette société postmoderne qui tendait à nous replonger dans une vision archaïque, païenne et polythéiste de la nature, y compris de la nature humaine. Une crise de la modernité ne signifie pas sa fin, mais seulement un moment plus que légitime de doute et d'approfondissement. La tâche des encyclopédistes n'est pas achevée, ni la Révolution sociale devant les inégalités sociales criantes de notre début de XXI$^{e}$ siècle. Comme l'a souligné Jürgen Habermas, s'impose « la réconciliation de la modernité avec elle-même après qu'elle se soit divisée et exposée ainsi à sa perte ». En fait, le progrès technologique au cours des âges, d'abord lent, s'est emballé au XIX$^{e}$ siècle, puis est devenu le cœur même de notre nouvel humanisme au tournant du millénaire. On ne peut plus penser le temps de façon cyclique, même en y introduisant une évolution sous le biais d'une spirale. Le présentisme de nos expériences, que réaffirme avec acuité Maffesoli, est surplombé par la « flèche du temps » qu'évoque Ilya Prigogine. Le progrès indubitable de la technoscience induit à nouveau la croyance à un possible progrès humain collectif. Il faut remettre l'épaule à la roue; au-delà des petites jouissances de la consommation quotidienne des privilégiés des pays riches, nous ressentons le besoin de rechercher à nouveau un sens à la vie, un but à notre aventure humaine collective.

C'est donc l'émergence de l'âge du numérique, avec notre nouvelle croyance dans le progrès de la technoscience, notre nouvelle utopie, qui nous permet de sortir de la postmodernité et d'échapper au fatalisme qu'elle secrétait, fût-il accepté avec sérénité ou résignation. La construction du monde numérique est manifestement volontariste, créatrice et optimiste. L'âge du numérique a rétabli la croyance au progrès et au futur. Nous, les « immigrants » nés à l'ère précédente et qui devons nous adapter au nouveau monde électronique, demeurons sceptiques. Mais ce n'est d'évidence pas le cas des nouvelles générations, nées à l'époque des ordinateurs, les « natifs » du numérique, qui adhèrent sans se poser de questions au progrès technologique, qu'ils tendent d'ailleurs trop souvent à identifier au progrès humain. Ces nouvelles générations n'ont pas vécu les doutes de la postmodernité et renouent directement avec la dynamique de la modernité.

## *De la nécessité du doute pour penser le futur*

Notre époque apparaît confuse. D'une part le rationalisme demeure un pôle moderne et fondateur de notre pensée. D'autre part, tant d'espérances nouvelles, et souvent naïves, ont surgi avec l'émergence de l'âge du numérique qu'elles remettent en cause le pessimisme, le désabusement, le nihilisme, le cynisme triomphants de la purge postmoderne. Nous ne croirons plus jamais autant qu'avant au rationalisme, mais nous avons foi dans les ordinateurs ! Alors que la postmodernité s'est ancrée dans une crise qui a désenchanté le monde, la magie du numérique le réenchante avec de nouveaux paradigmes, de nouveaux récits, de nouvelles utopies qui, le plus souvent, réactivent et actualisent les mythes de Prométhée, du Futur de la Liberté et créent même de la pensée magique.

Nous sommes dans un moment de transition, pendant lequel la postmodernité perdure au cœur du numérique, qui en favorise d'abord l'accomplissement, puis qui en viendra à bout. Car le numérique a répondu à des tendances profondes de la postmodernité, notamment avec les nouvelles formes de convivialité et de socialité tribale qu'offrent les réseaux sociaux, avec la pornographie en ligne, avec l'abondance et la diversité des informations sur les réseaux, avec l'hybridité des cultures sur le Web, avec le manifeste pour une « culture libre », désinstitutionnalisée, remixée et sans droit d'auteur, avec l'éclatement numérique des croyances, des expériences, des dérives, des révoltes individuelles et politiques, des nouveaux liens, des transgressions, du voyeurisme, des obscurantismes et des épaves de l'océan numérique. C'est ce brassage tumultueux aussi qu'on a appelé la postmodernité, et rien ne semblait pouvoir y résister.

Il serait d'ailleurs simpliste de développer une vision binaire, opposant terme à terme la postmodernité à la modernité. Ce sont deux pôles de la pensée, entre lesquels l'Occident a évolué et qu'il doit continuer à prendre en compte. La prémodernité avait beaucoup en commun avec la postmodernité, le monothéisme mis à part. Le terme même de *raison sensible*, dont Michel Maffesoli fait l'éloge pour caractériser la postmodernité, affirme cette ambivalence de la raison et des sens, qui sont, les uns comme les autres, susceptibles de connaître des excès. Le doute postmoderne demeure omniprésent et nous le déclarons nécessaire. Il n'est pas question d'adopter l'ingénuité des natifs du numérique. Comment penser nos projets, notre avenir, alors que la sociologie et l'exploration critique des mythes contemporains que nous appelons la mythanalyse tendent plutôt à tout relativiser ? Nous démystifions tout autant les archétypes de Jung ou les invariants de Lévi-Strauss que les monothéismes. On ne saurait plus croire à un Dieu dans le ciel. Peut-on alors oser croire au Progrès humain sur la Terre ? Si nous avons l'intelligence de reconnaître nos désillusions profondes, le désenchantement du monde où nous vivons, n'est-ce pas une totale contradiction que de maintenir envers et contre tout l'adhésion à l'idée de progrès ? N'implique-t-elle pas alors notre révolte ? À moins que le contraire de l'illusion du progrès ne soit la souffrance de tous qui assure la jouissance cynique de quelques-uns. Serais-je de ceux qui croient encore, sans se l'avouer nécessairement, comme la plupart des hommes, à des forces supérieures, faute de croire en eux-mêmes ? Il est vrai que nous avons tous en commun cette expérience du nouveau-né couché dans son berceau, agitant bras et jambes comme une tortue sur le dos et dont la totale impuissance et dépendance a inévitablement structuré le psychisme dans ses émotions, ses aspirations et la structure même de sa logique. C'est ce que nous rappelle la mythanalyse, dont j'ai exposé les fondements biologiques et sociologiques dans *La société sur le divan*.

Mais nous ne réagissons pas tous de la même façon à cette situation de faiblesse initiale. Les uns pensent devoir définitivement se soumettre à leur destin et cultivent le fatalisme, tandis que les autres se rebellent et cherchent leur liberté. Destin et liberté sont deux croyances opposées, deux mythes, d'ordre individuel aussi bien que collectif. Le fatalisme n'est pas une sagesse, pas une modestie, mais une impuissance, celle de la tortue sur le dos, qui s'exprime culturellement dans une soumission aux dieux dont on espère le salut ou craint le châtiment. On le reconnaît dans le mythe biblique et notamment au cœur de l'islam. La liberté, au contraire, triomphe dans le mythe grec de Prométhée. Elle vole le feu des dieux. Le débat est clair : soit l'homme croit en un dieu, soit il croit en lui-même. C'est en ce sens que le Progrès est un mythe qu'on a inventé et que l'on célèbre pour l'opposer au fatalisme. Nous ne savons pas penser en dehors des mythes. Il faut imaginer la vérité qui est bonne pour les hommes.

Face au développement accéléré de la technoscience que nous créons nous-mêmes, nous ne pouvons plus nous déclarer fatalistes, quelles que soient les puissances aliénatrices qu'elle semble recéler. C'est par une fascination critique envers la technoscience numérique que nous pourrons assumer individuellement et collectivement notre jugement. C'est alors à nous de décider du sens des choses et de la direction que doit prendre l'aventure humaine. L'homme des vallées est monté sur les cimes, dirait Zarathoustra. Mais il n'est pas *surhumain*. Il est Sisyphe, le jamais fataliste. Il remet sur ses épaules chaque matin une charge qui balance entre le poids des siècles et le désir du futur. Il incarne notre résilience humaine.

## *Un futur « Quick Response »*

Les artistes du mouvement Fluxus, John Cage, Robert Filliou et tant d'autres, prônaient de rapprocher l'art et la vie. Au point de ne plus les différencier. Leur influence a été immense et durable. Il faut préciser cette idée en mentionnant la philosophie qu'elle implique. Ces artistes ne proposaient pas une régression psychique et instinctive dans une simple jouissance immédiate de la vie, mais une célébration de la beauté et de la maîtrise de la vie. L'art est *cosa mentale*, disait déjà Léonard. La vie aussi se pense et se construit. Le futur aussi est *cosa mentale*.

Mais aujourd'hui le temps change vite. Le monde vibre. Ses oscillations s'accélèrent. L'humanité précipite tant le pas qu'elle doit inventer rapidement les réponses qu'exigent les nouveaux défis qu'elle se lance à elle-même. Nous ne vivons plus tant dans le réel, que dans le possible, dans une virturéalité.

Sur la couverture de ce livre, j'ai actualisé le célèbre tableau suprématiste *Carré noir sur fond blanc* de Kasimir Malevitch qui osait, en 1915, nous annoncer la mort de la peinture. Reprenant le schéma des codes-barres dans sa version développée du code Quick Response, qui croise les lignes verticales et horizontales de lecture électronique pour augmenter la capacité de stockage d'information, j'ai inscrit dans l'entrelacement de mes carrés noirs sur fond blanc, le lien que je propose d'établir entre l'art, la vie et la philosophie dans un engagement pour un « futur Quick Response ». Voilà donc une œuvre électronique qu'il faut scanner avec un téléphone intelligent pour en découvrir le message. On ne peut plus s'en remettre aux idées et aux recettes traditionnelles. Il nous faut désormais penser à la fois dans le temps lent qu'exige la réflexion approfondie et dans l'urgence que nous impose l'accélération de la technoscience. Et ce n'est pas le moindre des risques de notre époque. Nous avons le sentiment que le futur nous lance de plus en plus soudainement ses défis. Mais il ne faut pas se laisser prendre aux apparences. Le futur n'est pas un esprit malin et mystérieux qui erre ou nous impose ses caprices. Le futur est déterminé par les défis que nous nous lançons à nous-mêmes, par nos propres audaces. Quoi qu'en disent les postmodernistes désabusés, la formule demeure vitale : *Souviens-toi du futur* ! Il sera ce que nous en ferons.

# 1

# LA LOI DE LA DIVERGENCE

## Une révolution anthropologique

On nous dit qu'il y a plus de puissance informatique dans un téléphone intelligent d'aujourd'hui qu'il n'y en avait dans Apollo 11 qui amena le premier homme sur la Lune. Au tournant du millénaire, nous sommes passés de ce qui était encore l'âge du feu dans ses ultimes développements à l'âge du numérique. En 1999, c'est la société Microsoft qui a établi le record historique de la plus grande capitalisation boursière de tous les temps, au montant de 616,34 milliards de dollars, et c'est Apple qui l'a relayée en 2012 en affichant à son tour 623,52 milliards. Nous devrions être pleinement conscients de cette révolution, même si elle commence à peine et que nous ne savons pas encore la déchiffrer. Nous constatons déjà que cette révolution technoscientifique change radicalement nos valeurs et nos comportements.

L'âge du feu, depuis la première étincelle d'un silex jusqu'à la bombe atomique, a constitué une étape majeure de notre évolution humaine, centrée sur la maîtrise de l'énergie (soleil, vent, eau, feu, vapeur, électricité, nucléaire). Les déboires du nucléaire, si dissuasifs depuis Tchernobyl et Fukushima, nous invitent à ne pas nous y aventurer davantage sans une extrême prudence, tandis que l'exploration de la puissance du numérique porte d'immenses promesses et nourrissent même l'utopie la plus audacieuse que nous ayons connue. Elle n'est plus fondée sur la maîtrise de l'énergie, mais sur celle de l'information, dont le codage numérique est d'une tout autre nature. Il faut ici opposer clairement l'énergie et l'information. L'énergie est brutale, elle détruit l'information pour transformer, tandis que le code binaire est sans violence. Il ne détruit pas, mais au contraire il informe et programme ; il modélise. L'énergie et le numérique sont des processus inverses. Nous construisons désormais notre avenir beaucoup plus sur le développement de l'information et de la communication en exploitant la puissance du code binaire que sur l'exploitation des énergies.

Même sans succomber au discours des gourous autoproclamés, nous devons admettre que l'invention des technologies numériques déclenche très rapidement des bouleversements encore plus marquants que la première maîtrise du feu en son temps. Nous ne sommes qu'au tout début de cette révolution, mais déjà fascinés par la lumière bleutée du numérique.

Robotique, bionique, biotique, *empowerment*, intelligence, mémoire et vie artificielles, croisement des banques de données, gestion analytique et télésurveillance progressent exponentiellement. Les moteurs de recherche sur le Web sont les vedettes du « Big data ». La technoscience est désormais entièrement numérique, qu'il s'agisse de la physique, de l'astrophysique, de la modélisation moléculaire pour fins industrielles et pharmaceutiques, des reconstitutions archéologiques, des matériaux intelligents, de l'urbanisme, de la météorologie ou de l'écologie. Sans compter les armements et l'exploration spatiale, qui sont évidemment très demandeurs en outils informatique. La vie quotidienne elle-même est de plus en plus arrimée aux technologies numériques : information politique, économique, financière, culturelle ou éducative, divertissement, tourisme, vie privée, familiale et même intime. L'utilisation quotidienne de l'internet dans les pays développés est en pleine croissance, dépassant souvent deux heures par jour en moyenne et atteignant couramment quatre heures dans les pays les plus développés. Beaucoup de foyers et même de personnes disposent de plusieurs ordinateurs (sans oublier les consoles de jeu, lecteurs numériques, tablettes, téléphones et montres, et bientôt lunettes et même textiles intelligents). On parle d'une planète *intelligente* du fait de l'augmentation constante et spectaculaire des volumes de données traitées, qu'on estime actuellement à 2,5 quintillions d'octets d'information créés quotidiennement par les individus et les organisations. Nous sommes déjà immergés dans le numérique. Ses outils se banalisent. Les logiciels à code source ouvert, dont le développement est collaboratif, gagnent du terrain, notamment grâce à leur adoption dans des pays comme la Chine ou l'Inde, ou par des organisations et des entreprises majeures.

Bien entendu, tout comme dans la société réelle, la criminalité se développe dans le cyberespace, et même plus vite que la police et le droit. C'est déjà un très grave problème, du fait que les serveurs situés dans des pays échappant au contrôle international et les dispositifs peer-to-peer (réseautage d'ordinateur à ordinateur sans serveur central), quasiment insaisissables, sont abondamment utilisés par les mafias, les réseaux de prostitution, les pédophiles, les narcotrafiquants, les hackers, les terroristes, etc. Même si le droit civil et criminel s'applique théoriquement au monde virtuel, il est extrêmement difficile d'élaborer une législation spécifique, nécessairement internationale, des usages licites et interdits sur le Web, et encore plus de contrôler et sanctionner les délits et les crimes. L'institution du droit est inévitablement en retard sur l'évolution des sociétés et a fortiori par rapport à ces nouveaux territoires électroniques qu'il faut bien appeler un nouveau Far West, un « Far Web » sans shérifs, ou un no man's land numérique. Trafics, harcèlements, espionnage, vol d'identité, banditisme y sont monnaie courante, le plus souvent dans un apparent anonymat numérique qui favorise l'audace des délits.

Il faut donc démystifier l'apesanteur euphorisante dont on croit pouvoir y jouir, et prendre en compte les forces sociales, les structurations politiques, le néoféodalisme commercial, l'imbrication instrumentale avec la réalité économique, utilitariste, voire perverse et criminelle qu'il véhicule. Il s'agit certes d'une utopie, cette fois technoscientifique, qui a pris le relais des utopies sociales et politiques du XIXe siècle, aujourd'hui abandonnées pour cause d'échecs catastrophiques. Mais celle-ci devient une réalité sociale. Il faut donc soumettre le cybermonde à la même analyse sociologique que le monde réel, même s'il semble flotter immatériellement au-dessus de nous, dans le « nuage informatique », comme on dit. Il est nécessaire de garder face au Far Web une vigoureuse attitude critique, sans le diviniser ni le diaboliser.

Nous devons l'étudier, et réglementer ses applications, sanctionner ses abus, dissuader les cybermalfaiteurs. Des commissions publiques y travaillent et il serait grand temps que les artistes intéressés par les technologies numériques y consacrent aussi leurs réflexions et leur créativité critiques. Les artistes numériques ne devraient pas créer seulement des divertissements en mettant des puces dans un circuit de bornes sensibles sur un espace scénique, qui permettent d'animer des jeux d'éclairage, de sons, selon les déplacements des danseurs ou des acteurs. Ils ne devraient pas seulement nous séduire par la magie de l'interactivité ou de l'immersion virtuelle. Nous espérons aussi voir se lever les George Orwell du numérique, qui sauront éveiller notre conscience critique face à ce nouveau Big Brother invisible que plusieurs voudraient cloner partout dans nos espaces urbains. Comment vont donc nous traiter les deux cousins de l'âge du numérique, Big data et Big Brother ? Le premier noiera-t-il le second dans le déluge de l'information, nous permettant ainsi de préserver un minimum de liberté anonyme ? Ou au contraire, le gavera-t-il de données croisées, dont l'accumulation nous soumettra finalement à une transparence numérique totale, et réductrice ?

L'âge du numérique est porteur d'espoirs et de progrès, certainement, mais il est aussi traversé par toutes les passions obscures de l'humanité. Attention à l'instinct de puissance qui se joint à Éros et Thanatos, et que j'ai évoqué dans *CyberProméthée* (2002). Il est de plus en plus déchaîné. L'homme est créateur parce qu'il est habité par cette pulsion, qui s'exprime dans la technoscience numérique, mais il va devoir apprendre à la maîtriser.

## Des ordinateurs pour tous et pour tout

On dénombre en 2014 plus de deux milliards d'ordinateurs sur notre planète. Cette accélération spectaculaire serait due au prix de vente de plus en plus modeste des ordinateurs neufs et au recyclage des anciens. Une augmentation globale de près de 12 % par an. Selon les évaluations actuelles, on prévoit qu'il y aura 25 milliards d'appareils connectés à l'internet en 2015. Cela représentera alors trois à quatre appareils par personne : téléphones, télévisions, radios, portables, GPS, objets dits intelligents et connectés et multiples gadgets ; un chiffre qui monterait à plus de cent appareils par personne en 2020, dans l'environnement numérique saturé où nous allons vivre. Il s'agit assurément de chiffres plus qu'optimistes pour l'industrie, mais quatre des sept milliards d'êtres humains que nous sommes utilisent déjà couramment ce petit ordinateur portable, connecté sans fil, qu'est devenu le téléphone cellulaire. Il se vend déjà quotidiennement plus de téléphones intelligents qu'il ne naît de bébés sur la planète. En 2013, on a évalué à 2,5 milliards le nombre de personnes connectées à l'internet, soit une augmentation de plus de 500 % depuis l'an 2000. En Chine seulement, on compte déjà 600 millions d'individus connectés, dont plus de la moitié écrivent des microblogs. C'est dans ce contexte que le président Xi Jinping a annoncé en 2013 la nécessité de « cesser d'être passifs et de devenir combatifs en livrant une guerre sur le Web pour gagner l'appui de l'opinion publique ». Un point de vue qui paraît bien irréaliste, compte tenu de la diversité inhérente au Web.

La quantité d'information accumulée et diffusée sur support numérique croît elle aussi de façon exponentielle. Dans la seule année 2017, il y aura plus de données qui circuleront sur l'internet que toute l'information qui y est passée de 1984 à 2012. Le site *A day in the life of the internet* mentionne qu'en 2013, en un seul jour, les informations qui circulaient sur l'internet rempliraient 168 millions de DVD ; on comptait 144 milliards de courriels (dont 69 % de pourriels) il faudrait deux ans au service des postes américaines pour les acheminer ; 864 000 heures de vidéo sont mises sur YouTube, qui est devenu la plus grande chaîne de télévision et le plus grand cinéma du monde, avec plusieurs milliards de visites par jour ; quelque vingt millions d'heures de musique sont écoutées en diffusion directe sur Pandora (soit plus de temps qu'il ne s'est écoulé depuis la naissance de Jésus Christ). La boutique en ligne d'applications iTunes pour les téléphones et tablettes Apple annonce plus de soixante milliards d'applications téléchargées quotidiennement.

Bien sûr, la fracture numérique demeure puisque quelque 60 % de ces ordinateurs sont dans les pays riches du Nord, qui ne regroupent que 15 % de la population mondiale. Avec un certain optimisme, compte tenu de la saturation des marchés développés, la firme Gartner suggère que 70 % du prochain milliard d'ordinateurs à venir seront destinés aux pays émergents. On a du mal à le croire ; nul n'ignore que ces grandes compagnies d'analyse de marchés sont toujours assez optimistes pour flatter les entrepreneurs qui financent leurs recherches. Et la courbe de cette accélération devrait en fait se tasser en fonction des limites économiques des pays émergents. Il demeurera longtemps impossible pour des milliards d'êtres humains de faire autre chose que tenter de survivre quotidiennement, qu'ils soient dans les villes ou dans les milieux ruraux, sans électricité. Compte tenu de la fracture économique, les facteurs d'inertie demeureront encore longtemps incompressibles.

On trouve maintenant, il est vrai, des ordinateurs neufs à cent dollars, fabriqués en Asie. Même le MIT, à l'initiative de Nicolas Negroponte, a proposé un modèle à manivelle pour les milieux ruraux du tiers-monde. Le Simputer, dont le nom évoquait en anglais *a simple computer*, développé dès 2001 à Bangalore, s'est vendu à 200 $ ; connectable à l'internet, il comprenait un écran tactile avec des icônes et était compatible avec les 23 langues officielles de l'Inde. La production de masse va permettre de réduire encore le coût marginal de production des ordinateurs et autres tablettes. En Afrique, on compte déjà 450 millions de personnes ayant un téléphone portable, une industrie qui va compter rapidement de plus en plus de téléphones intelligents.

Va pour les équipements électroniques. Mais la connexion internet demeure beaucoup plus problématique et la fracture Nord-Sud dans ce cas demeure gigantesque. L'accès internet doit-il devenir un droit fondamental, comme le demandent beaucoup de militants et beaucoup de fournisseurs en quête de clientèle ? C'est aussi ce que revendique la Charte des droits de l'internet proclamée en 2006, et adoptée depuis dans plusieurs pays par des organisations de la société civile. Certes, ce serait un progrès incontestable. Qui se plaindra aujourd'hui que l'électricité ou le téléphone se soient généralisés ? Les ordinateurs et l'internet constituent non pas un luxe, mais une infrastructure pour le progrès humain, qu'il soit économique, culturel, médical, éducatif, ou simplement privé. Mais lorsque les États-Unis en appellent à ce droit universel, ce n'est pas sans arrière-pensées politiques.

Car le Nord pèse lourd sur un Sud beaucoup plus faible et diversifié. Une fois la planète entièrement connectée, les riches et les puissants espèrent donc pouvoir y exercer leur domination avec de nouveaux moyens, qui s'ajouteront aux armées, aux banques, aux industries, au libre-échange. Le Sud subit une colonisation qui s'exerce par l'intermédiaire des grands consortiums de télécommunication des métropoles occidentales. Le débat se poursuit, car simultanément, pour les altermondialistes, l'internet est surtout un formidable catalyseur de la démocratie et du développement.

Dans tous les cas, il faut tenir compte de toutes sortes de situations, allant de la haute vitesse à domicile à la connexion téléphonique déficiente, de la dépendance obsessive à l'accès quotidien à des usages très épisodiques. Aujourd'hui, nous ne devrions pas honnêtement considérer que plus de 15 % de la population a un accès facile à l'internet. Mais cette proportion augmentera vite et atteindra sans doute 25 % d'ici 2020. Les statistiques qu'on nous livre en pâture sont certes optimistes, mais même les estimations les plus réalistes montrent une croissance extrêmement rapide, si on la compare à la lenteur séculaire de l'alphabétisation gutenbergienne. La numérisation de la planète se concrétise.

## L'internet en Patagonie

J'ai eu la chance de parcourir la Patagonie, tant en Argentine qu'au Chili. L'immensité des paysages, la flore et la faune y sont fascinantes, aussi bien au pied des Andes du côté Pacifique que dans la Pampa seca, du côté atlantique et sur les rives du détroit de Magellan. On ne peut rêver nature plus sauvage et isolement plus complet. Je ne manquerai aucune occasion d'y retourner. Ushuaia ou Punta Arenas, ce n'est pas New York : nous sommes « au bout du monde », comme l'affiche la publicité touristique. Mais le voyageur y trouvera plus facilement accès à l'internet, pour un prix dérisoire, et gratuitement dans tout hôtel, qu'à San Francisco ou à Paris. Je n'y ai pas vu un seul *pueblo*, même au bout d'un interminable chemin de terre empoussiéré, après avoir croisé des autruches et des guanacos, et admiré des condors dans le ciel, qui n'offre au moins un café internet, avec une excellente bande passante.

Ici et là, j'ai rencontré un médecin argentin à la retraite, qui a fait sa vie professionnelle à Boston, une artiste qui a vécu longtemps à New York et à Berlin, un intellectuel émigré pendant plusieurs années à Sao Paolo, un écrivain qui a étudié à Paris, un géologue formé à Londres, des universitaires venus de Buenos Aires ou d'Europe centrale, des hommes d'affaires émigrés de Rome ou de Madrid. Tous me l'ont dit. Aussi intense que puisse être leur amour de cette nature sauvage, quasiment originelle et des vastes horizons qu'ils habitent désormais, aucun d'entre eux n'aurait fait le saut pour venir ou revenir s'installer en Patagonie si l'internet n'y existait pas. Grâce aux réseaux en ligne, ils jouissent des deux mondes, le naturel et le numérique. Ils sont en interface quotidienne avec la puissance du monde sauvage et la sophistication des grandes métropoles. Ils lisent les journaux de Chicago ou de Rome sur leur tablette en jetant un coup d'œil par la fenêtre sur les sommets enneigés des Andes ou sur les éléphants de mer de la péninsule de Valdez ; ils communiquent avec leurs amis allemands ou libanais ; ils les voient avec des webcams ; ils suivent sur le Web toutes les nouvelles et tous les dossiers qui les intéressent et sont souvent mieux informés que les téléspectateurs des grandes capitales. Ils créent des universités et des communautés virtuelles. Rien ne leur manque pour allier la beauté rurale et la proximité numérique.

Ce n'est pas suffisant de dire que la planète a rétréci. L'internet nous permet d'être partout à la fois en même temps : à Ushuaia et à Tokyo, à Punta Arenas et à Montréal, au pied des glaciers d'El Calafate et sur les Champs-Élysées, sur un bateau qui côtoie les baleines australes et au Cap ou à Moscou. Sans l'internet, des régions lointaines comme la Patagonie seraient coupées du monde et réduites à des activités primaires. Je n'y aurais jamais rencontré ces artistes, ces entrepreneurs, ces intellectuels, ces universitaires qui aujourd'hui s'y activent et lui confèrent ce développement remarquable qui lui permet de retenir les jeunes et les immigrants qui ont parcouru le monde.

L'internet est devenu une infrastructure incontournable pour le développement des régions éloignées. Il faut y offrir la vitesse et la largeur de bande qui permettent d'afficher des pages de journaux, des images, des fichiers multimédias, éducatifs, des plans d'ingénieur ou de l'imagerie médicale, de la musique et des films. L'internet est devenu un outil prodigieux et polyvalent, aussi bien pour l'éducation que pour la santé, pour la démocratie et pour les services publics que pour la culture, pour le commerce électronique que pour la recherche scientifique, pour le développement économique que pour la protection de l'environnement et pour le tourisme. En Patagonie, toutes les maisons d'hôtes, même et surtout les plus isolées, sont égales devant l'internet. Elles y montrent leurs paysages et leurs chambres, et offrent un service de réservation qui leur amène leur clientèle quotidienne, venue des quatre coins du monde. Les routes ne suffisent plus. Il faut aussi, partout, un réseau internet fiable et puissant. L'internet est le plus stratégique des investissements du futur, que tout État se doit d'inscrire dans sa politique de développement des régions éloignées. Dans un deuxième temps, pour échapper au colonialisme du Nord, tout État se devra de concevoir une politique de développement de contenus qui correspondent à sa culture identitaire. L'internet deviendra un outil stratégique fondamental de promotion de la diversité culturelle et d'insertion des régions périphériques dans la mondialisation.

## Une philosophie Quick Response

Peut-on parler d'une philosophie numérique ? De ce qu'on pourrait appeler une *cyberphilosophie* ? C'est pour le moins un raccourci. Car le numérique n'est qu'un code binaire qui permet de créer et de diffuser des textes, des images, des sons, etc. On ne parle pas d'une « philosophie alphabétique », même si l'alphabet phonétique a permis un degré d'abstraction propice à l'élaboration de la pensée philosophique, et si l'imprimé a renforcé la lecture individuelle et développé l'esprit critique. Pourtant, une philosophie du numérique s'impose bien à nous, comme un questionnement de nos valeurs anciennes, des nouvelles valeurs que nous impose le numérique, et de notre changement de cosmogonie. Il est fondamental que le philosophe actuel ait une grande pratique du numérique pour qu'il n'en parle pas comme d'une technologie opposée à l'humanisme, comme la plupart des philosophes européens qui écrivent encore frileusement sur le sujet et ne voient dans le numérique que le cheval de Troie de la gadgetterie américaine, commerciale, aliénatrice ou perverse. Il devient archaïque d'en dénoncer la superficialité, les illusions et les erreurs qu'ils n'ont pas manqué d'y relever.

Je dirai, en des termes plus provocateurs, que le recours aux outils de communication du numérique s'impose aussi au philosophe du numérique : les blogues, certes, et même les tweets, limités à 140 caractères. Pourquoi ne pas tenter d'être « un philosophe multimédia », qui recourt non seulement aux mots, mais aussi aux images et à la vidéo ? Un philosophe-artiste multimédia ?

Notre époque est l'une des plus passionnantes qui se puissent concevoir. Autant et peut-être même plus que celle de la découverte du Nouveau Monde et de la Renaissance. Nous sommes confrontés à la puissance des nouvelles technologies, mais aussi à la vitesse et à l'étendue des bouleversements qu'elles déclenchent. Du point de vue philosophique, le numérique nous bouscule. Il remet en question nos vérités linéaires, nos idées reçues, nos valeurs traditionnelles, nos sociétés conservatrices, nos comportements stéréotypés et nos inerties. Il renvoie les académiques et les scholiastes de mes années de formation, ceux dont la rhétorique initiatique m'a un temps détourné de la philosophie, à leurs encriers obscurs. Et la cyberphilosophie ne nous impose pas la vitesse, mais l'urgence de la pensée : une philosophie Quick Response – un terme en apparente inadéquation avec la complexité et les dangers du monde actuel. Mais pourquoi la philosophie devrait-elle s'éclipser devant l'urgence et s'interdire d'être provocatrice et divergente ?

## À l'opposé de toute pensée binaire

Ce n'est pas parce que le numérique repose sur un codage binaire, spectaculairement efficace dans toutes nos activités humaines, qu'il nous faut développer une pensée binaire, ni considérer le binarisme comme un langage, et encore moins comme un modèle de construction de la pensée, comme il est si fréquent de nos jours. Noir, ou blanc, vrai ou faux. Bon ou diabolique. Si tu n'es pas avec nous, tu es contre nous. Cela rappelle que la volonté de puissance fait souvent bon ménage avec le simplisme intellectuel ; on en trouve de tragiques exemples même dans l'histoire la plus récente. Mais ce n'est certes pas un abus nouveau. Déjà Socrate, l'un des fondateurs du rationalisme grec, en abusait parfois d'une façon exaspérante. Le voilà qui interroge son esclave de service, selon une formule répétitive que je synthétiserai ainsi :

— Puisque ce n'est pas faux, alors est-ce que c'est vrai ?
— Oui, c'est vrai, répond l'esclave
— Et puisque cela est vrai, pourrait-on affirmer que c'est faux ?
— Non, répond immédiatement l'esclave, ce n'est pas faux.

Il est vrai qu'il avait fort à faire pour libérer l'être humain de la pensée magique et de la superstition qui dominaient l'époque. Nous devons garder pour lui un respect historique. Mais aujourd'hui, alors que nous admettons fondamentalement la complexité de toute chose, et de la science elle-même, cette caricature de la pensée n'est plus de mise. Il faut le rappeler avec insistance alors que toute notre superstructure sociale repose désormais sur la généralisation du code 1 ou 0. Il est vrai que paradoxalement, ce code, aussi simpliste soit-il, permet d'exprimer les nuances les plus subtiles, et même de diffuser les dialogues de Socrate sur le Web.

Lorsque je passe à la caisse de la librairie, le scanner lit les codes-barres imprimés sur le dos des livres de philosophie que j'achète et affiche sur l'écran le total à payer, taxes comprises. Il suffit de mettre dans la machine ma carte à puce pour me payer Socrate.

La pensée binaire revient toujours, comme une rigidité acquise de l'esprit, une simplification rassurante. Mais à l'occasion de longues conversations que j'ai pu avoir avec des hommes tels que Jean-Michel Cousteau, évoquant la nouvelle frontière du *Monde du silence* (1953) que son père avait décidé d'explorer avec la *Calypso*; Buzz Aldrin, qui mit le pied sur la lune avec Neil Armstrong en 1969; Jacques Testart, le biologiste qui osa créer en France, en 1982, le premier bébé-éprouvette, Ilya Prigogine, prix Nobel de chimie et auteur, avec Isabelle Stengers, de *La nouvelle alliance* (1986), qui a introduit l'irréversibilité de la flèche du temps dans la science; ou encore Charles Bennett, l'astrophysicien de la NASA responsable du projet de satellite Cosmic Background Explorer (Cobe) lancé en 1989, qui mit en évidence la lumière primordiale de l'univers émise environ 380000 ans après le big bang. J'ai senti chaque fois les vibrations de l'esprit de ces hommes qui avaient eu l'audace de sortir du rang pour explorer des projets divergents.

## Les trois philosophes de l'École interrogative

L'évidence n'est que ce que tout le monde répète. Le visionnaire n'est pas celui qui déjante, mais plutôt celui qui s'interroge sur ces évidences et ose poser des questions que l'on ne se posait pas. Toute réflexion, qu'elle porte sur le passé, le présent ou sur une vision du futur, donc toute école de pensée, devrait être interrogative, avant de construire des échafaudages conceptuels. Je tiens donc beaucoup à ma pratique d'École interrogative initiée dans les années 1970 avec l'art sociologique. Mais pour questionner l'âge du numérique, plutôt que de baisser la tête sur le guidon et de pédaler droit devant soi, il est bon de revenir à plusieurs grands maîtres classiques qui nous apprennent à penser. Mes trois philosophes préférés demeurent Confucius pour l'éthique, Spinoza pour le matérialisme et Nietzsche pour la démystification de la pensée. Ils sont tous trois allés jusqu'au bout de leur questionnement, sans peur ni conformisme, quoi qu'il leur en ait coûté à tous trois dans leur vie personnelle et sociale.

De Confucius, j'admire la sagesse avec laquelle il osa, il y a plus de 2500 ans, dans une période trouble de l'histoire de la Chine, penser le monde en valorisant la morale des liens comme principe d'organisation sociale. Penseur encore plus ancien que Socrate, il a d'ailleurs eu de son vivant autant de difficultés que son collègue athénien avec les pouvoirs en place. Pourquoi souligner ici l'actualité de sa pensée? Confucius ne développa pas une pensée linéaire, comme le fit Socrate, qui fonda un rationalisme binaire simpliste. Parce qu'il pensait en chinois classique, langue qui s'écrit avec des idéogrammes, il opta plutôt pour les configurations, qui préfigurent la complexité et la richesse féconde de ce que j'ai appelé la *pensée en arabesque.* Tout idéogramme chinois est un ensemble de liens qui créent un récit, évoquent un sens ou une idée en agrégeant les signes visuels de plusieurs constituants, par exemple un poisson, un bateau, un homme, un toit et une femme pour désigner un pêcheur qui rentre à la maison avec ses prises pour le repas. La langue chinoise s'exprime par configurations d'images et le confucianisme lui est fondamentalement lié. Or ce mode de pensée, que réactive sur le Web la navigation par hyperliens, redevient important aujourd'hui, alors que nous remettons en question la logique classique au cœur même de la science. Elle s'impose avec ses explorations nouvelles des complexités, ses logiques floues et ses audaces postrationalistes non linéaires. À l'âge du numérique, nous pensons de plus en plus par ensembles interdépendants de personnes, d'idées et même d'objets, non seulement du point de vue épistémologique, mais aussi dans nos relations sociales, tant interindividuelles que globales. Nous redécouvrons l'importance fondatrice des liens de solidarité, constitutifs d'une morale sociale qui s'exerce comme un contrepoison éthique face à l'anonymat mécanique des masses. Il ne faut jamais oublier que le temps n'est pas révolu des manipulations et des fascismes qui peuvent en résulter, comme l'histoire nous en a administré une horrible preuve et comme l'actualité nous en donne malheureusement encore trop d'échos persistants.

Et si nous avons appris l'importance de contrôler démocratiquement et de contester les abus de pouvoir de ceux qui nous gouvernent, nous prenons aussi conscience de la nécessité de soutenir des institutions mondiales, notamment sous l'égide des Nations unies, qui peuvent nous permettre d'établir une meilleure gouvernance internationale. Nous appuyons de plus en plus vigoureusement les organismes humanitaires qui mettent en œuvre nos exigences de solidarité, malgré les faiblesses inhérentes à la difficulté de leur tâche. Bref, nous militons de plus en plus activement pour une éthique planétaire qui cible notre salut collectif par le respect des liens qui nous unissent chacun à chacun, par-delà les différences culturelles et identitaires.

De Spinoza, j'admire l'audace d'avoir pensé le matérialisme dans toutes ses conséquences au cœur d'une société dominée par les religions, au prix des plus grandes difficultés avec les autorités de son temps. Il vivait dans la plus grande simplicité, en artisan polisseur de lentilles. Il opta pour la discrétion, afin de garder sa liberté de penser et dissimula son audace en appelant « Dieu » la matière à laquelle il attribuait la pensée et la création dans ses écrits. Et il ne permit pas que ses textes majeurs soient publiés avant sa mort. Il est l'exemple même de la pensée divergente et de ses difficultés.

De Nietzsche, enfin, je retiens l'aplomb de la pensée critique la plus radicale de son temps, qui a fait de lui le premier grand penseur de ce que nous appelons aujourd'hui la postmodernité. Il ébranla irréversiblement le rationalisme classique, la pensée linéaire et la morale bourgeoise. Il proclama la mort de Dieu. Sa divergence fut si difficile à soutenir qu'il ressentit les affres de l'exil intellectuel au sein de sa propre société et sombra finalement dans la maladie mentale.

## La fin du monde géométrique

Pourquoi avons-nous cette tradition de découper le monde en rectangles : tableaux, photos, écrans d'ordinateur, cahiers, pages de livres et de journaux, cartes postales, cartes routières, cadastre, billets de banque, tables, lits, tapis, maisons, boîtes et voitures. Bien sûr, le cercle est utilisé aussi, mais beaucoup moins. Et toute forme libre est ressentie dans son écart avec l'angle droit et le rectangle, ainsi qu'avec la symétrie. C'est d'ailleurs ce qui a fait la vertu par leur audace de l'art baroque, des œuvres de Gaudi, ou d'architectures contemporaines telles que celles du musée Guggenheim de Bilbao, du Musée d'art contemporain de Cagliari, en Sardaigne, ou du nouveau Louvre à Abou Dabi.

L'orthogonalité est-elle un schématisme humain fondamental, universel et éternel ? Certes, la théorie de la Gestalt, la « bonne forme », prétend l'expliquer par la géométrie symétrique du corps humain. Mais la nature n'est pas rectangulaire, ni cubiste. On verrait difficilement les formes naturelles, organiques ou physiques, celles des planètes, des végétaux, des cellules vivantes, des gouttes d'eau, des cailloux et des montagnes ou des nuages s'organiser en parallélépipèdes. Roger Martin du Gard s'amusait à penser que nous devrions modifier les poules pour qu'elles pondent des œufs cubiques, beaucoup plus rationnels pour l'empilage et le transport (mais il feignait d'ignorer la meilleure résistance d'une coquille ovoïde et les inconvénients des œufs à angles droits pour la pauvre pondeuse). Alors pourquoi surimposons-nous à la liberté des formes naturelles leur contraire : la matrice rectangulaire de nos modes humains de découpage et de cadrage ?

En fait, le découpage rectangulaire n'a pas dominé l'histoire de l'humanité, comme on pourrait le croire. C'est l'Occident qui a géométrisé le monde. Il en est tout autrement dans les civilisations africaines, indiennes, asiatiques. Nous avons adopté le rectangle des temples grecs, l'angle droit de la croix chrétienne. L'urbanisme des conquistadors en Amérique latine a imposé l'ordre militaire de son damier. Nous avons célébré encore il y a peu cette géométrisation du monde avec le Bauhaus, Mondrian, le minimal art. Mais ce fut le chant du cygne d'un monde géométrique qui s'achève aujourd'hui, avec la fin de la pensée linéaire au bénéfice de la pensée en arabesque, l'émergence du numérique, les réseaux d'hyperliens et une nouvelle domination du temps événementiel sur la pensée spatiale.

## Le postrationalisme et la pensée en arabesque

Nous avons pris conscience de l'importance des liens caractéristiques des logiques de la pensée, des perceptions, de la mémoire et de l'imagination qui président à nos activités. Nous avons appris à nous libérer de la superstition en construisant la pensée rationnelle et la science par relation de cause à effet selon une logique linéaire binaire : A est A, A ne peut pas être B. Cela demeure une conquête de l'esprit simplificateur. Mais nous sommes entrés désormais dans le postrationalisme pour explorer et modéliser le monde au-delà de ce stade d'interprétation élémentaire et prendre en compte la complexité du monde.

La pensée linéaire est affirmative, autoritaire, sûre d'elle-même. Elle est sourde et aveugle. Sourde à ceux qui ne pensent pas comme elle, et aveugle à ce qui n'est pas sur sa trajectoire. Elle ne voit pas les chemins de traverse. Elle ignore les ambiguïtés qui pourraient l'embrouiller. Elle ne retourne pas sur ses pas. Elle ignore les ombres de sa trajectoire solaire. Elle refuse les écarts, les objections, les contradictions, les flous. Elle tranche dans les complexités, sûre de son bon droit, alors que le moindre strabisme ou un mouvement de la tête lui permettrait d'élargir son champ de vision aux autres éléments du réel qui la déborderont immanquablement et la prendront par surprise. C'est par une réduction de la pensée que nous avons pu prétendre instituer une logique linéaire en théologie et en métaphysique, puis en science, et affirmer la Vérité. La pensée binaire avait ses vertus et demeure fondamentale dans beaucoup de nos situations existentielles, notamment au point de vue utilitaire. Il faut qu'une porte soit ouverte ou fermée... Elle est l'un des pôles de notre pensée, de nos comportements, de nos nécessités quotidiennes et de nos valeurs.

La pensée linéaire tend à prolonger la situation dans laquelle elle s'est instituée. Elle croit son équation permanente. Elle a donc beaucoup de difficulté à augurer du futur. La pensée linéaire se bâtit sur une droite qu'elle prolonge devant elle sans se douter qu'elle sera bientôt en porte-à-faux. Même en ayant conscience des contradictions qui se présentent, et des risques qui s'accumulent, elle fixe sa tension sur le maintien des situations qu'elle maîtrise, elle se raidit et ignore les tensions du réel qui pourraient la briser. Elle ne prévoit donc pas les révolutions, ni les lundis noirs de la Bourse, ni la chute du mur de Berlin, ni le 11 septembre, ni le printemps arabe, ni les catastrophes nucléaires de Tchernobyl ou de Fukuyama. En un mot: elle ne sait pas anticiper la rupture, ni les transformations. Quand le monde changeait peu, ou très lentement, la pensée linéaire pouvait faire illusion, voire demeurer légitime et efficace. Aujourd'hui, elle apparaît obsolète.

À l'autre pôle se situe la logique flexible, en arabesque, qui configure les liens de notre pensée, de notre imagination, de notre intuition et du hasard de nos navigations. Elle permet les écarts, les sauts de travers, les irrationalités fécondes. La pensée en arabesque, c'est la pensée à entrées multiples, flexible et aventureuse, qui se méfie du simplisme de la chaîne de cause à effet, qui affirme qu'une *cause* n'est peut-être qu'une *occasion* et qui associe par des liens nouveaux et insolites des éléments habituellement sans rapport connu. Elle rompt avec les lieux communs qui constituent la base de notre activité cérébrale, et même avec les hypothèses raisonnées. Nous nous écartons alors de la vérité établie, nous nous exposons à des paradoxes, à des contradictions, nous embrassons des logiques floues, nous sommes séduits par la théorie des catastrophes de René Thom. Nous assumons même l'indétermination et nous tentons d'agréger ces données qui n'ont pas de liens établis pour inventer une idée nouvelle, sans direction connue.

Bien sûr, nous écoutons davantage nos désirs, nos insatisfactions, qui constituent notre motivation à innover, sans pour autant perdre notre conscience des briques élémentaires, causales et linéaires sur lesquelles nous marchons. Mais l'édifice que nous construisons ne sera plus géométrique, ni symétrique, ni circulaire. L'architecture de grands musées comme celui dessiné par Frank Ghery à Bilbao est emblématique de ce nouveau mode de pensée créatrice, tout à l'opposé du classicisme, qui a été aussi la grande époque de construction du rationalisme occidental.

Le futur, c'est ce qui nous surprend. Il est toujours inédit. Sinon, il demeure le présent. Prévoir le futur s'impose à nous désormais comme une obligation politique, économique, sociale, de santé publique, écologique. Pour répondre à cette contrainte, nous tentons d'en faire une science. Nous nous efforçons de déceler dans les comportements humains et dans les statistiques les petits écarts qui pourraient se révéler significatifs et porteurs d'avenir. Nous essayons d'agréger les données empiriques dans de nouvelles configurations, de faire des liens inédits, en première apparence sans pertinence. Nous changeons d'échelle, comparant des analyses de détail à des tendances globales, des évolutions sociales dans des cultures différentes. Nous nous emballons pour l'analytique du Big data, les récurrences et les proximités des données que nous croisons dans des masses d'informations. Bref, nous savons que ce qu'il importe de savoir prédire aujourd'hui, ce ne sont plus les continuités mais les surprises, ces divergences qui feront mal ou créeront de nouvelles possibilités. Bien entendu, la prévision linéaire, inductive, demeure indispensable. Mais sachant que le futur, c'est ce qui diverge, il est devenu fondamental d'analyser d'une part les blocages rationnels et durcis, qui finissent toujours par se briser et créer des dommages latéraux dévastateurs et, d'autre part, les imaginaires sociaux, les « irrationnels » dans l'air du temps, qui ne sont pas sans raisons d'être. Ils rêvent de ce que le réel n'est pas, mais qui peut surgir sans avertissement. Il arrive que l'imagination prenne le pouvoir ! Ce fut un slogan de Mai 1968. Certes, on peut établir aujourd'hui des causes rationnelles du surgissement de 1968. On peut même *a posteriori* reconstituer un calendrier annonciateur de ces événements. Mais personne à Paris ne l'a vu venir. « La France s'ennuie », écrivait le 15 mars 1968 le grand journaliste Pierre Viansson-Ponté dans un éditorial du *Monde*. De telles séquences imprévues se répètent régulièrement, comme on l'a vu avec le printemps arabe de 2012, ou, de façon plus restreinte, avec le printemps érable de 2013, au Québec.

La pensée linéaire a les vertus de la démystification, de l'ordre et de l'efficacité, mais elle ne sait pas penser les complexités et nie *a priori* les divergences. La pensée en arabesque, au contraire, a les vertus de la flexibilité, de l'ouverture à d'autres logiques et à d'autres liens conceptuels et réels, de la prise en compte des imaginaires sociaux et des irrationalités qui prendront le pas sur les évidences d'aujourd'hui. Elle est nécessaire pour penser la divergence. Mieux : c'est souvent elle qui la crée. Elle est donc le mode de pensée fondamental de ce qu'on se doit d'appeler le postrationalisme.

Pour autant, le postrationalisme n'a rien à voir avec ce qu'on a appelé la postmodernité. Il n'est pas la critique finale du rationalisme, ni davantage un nihilisme intelligent. Il n'est pas non plus le triomphe de l'irrationalité et de la superstition. Il ne nous replonge pas dans l'obscurantisme. Comme le postmodernisme, il rejette tout positivisme, mais pour reconnaître et tenter d'élucider le rôle déterminant de nos imaginaires sociaux, de nos mythes actuels, dans notre idéologie et dans nos comportements collectifs. Le postrationalisme est donc un rationalisme élargi, qui fait place, aux côtés de la pensée linéaire, dont l'utilité demeure incontestable, à la construction de la pensée en arabesque dont nous reconnaissons de plus en plus la nécessité.

De même, en affirmant que le futur diverge toujours, nous ne concluons pas qu'il est vain de s'efforcer de le prédire, ni que nous sommes impuissants à le maîtriser. Le défi pour nous n'est pas d'en deviner une orientation obscurément préprogrammée ou les intrigues secrètes. On oublie trop souvent que ce sont les sociétés et les hommes qui créent le futur.

## L'humanité ne vit pas le futur de son passé

L'humanité ne s'est pas toujours projetée dans le futur. Elle a d'abord vécu sans doute au jour le jour, au rythme cyclique des lunes et des saisons, dans un temps immédiat, vertical, sans quête d'un avenir, mais seulement de son présent. C'est, du moins, ce que nous décrivent les ethnologues des premières sociétés humaines. Et c'est encore le postulat des théoriciens de la postmodernité, qui mettent en doute le temps du Progrès, au nom d'un temps mou, événementiel, ordinaire.

Quand avons-nous inventé le futur ? Après avoir pris conscience de la différence du présent avec le passé. Et lorsque nous nous sommes déclarés absolument insatisfaits du présent. D'abord pensé comme une apocalypse par les théologiens, le futur lointain a été placé sous le signe mythique du Progrès par les idéologues de la Révolution française. Il semble qu'on ait inventé le futur en même temps que le Progrès avec un Condorcet, et l'histoire avec les Kant, Hegel, Fichte et Michelet. Les grandes idées du passé (qui enseigne) et du futur (qui mobilise) sont donc des inventions occidentales récentes. En soi, ces idées, qui fixent notre esprit non plus sur le présent, sur ce qui compte immédiatement et qui est là, mais sur un passé et un futur, lointains, incertains, imaginaires, différents, appellent des regards divergents.

En se projetant dans le passé ou dans le futur, l'esprit humain a d'abord embrassé une vision linéaire, celle d'une succession chronologique sans rupture. Le grand mérite d'Hegel a été d'inventer la dialectique de l'histoire, celle du passé révolu et celle du futur à atteindre. La dialectique hégélienne met en scène les contradictions de la Raison, donc des idées, en thèses et antithèses qui se résolvent en synthèses, assurant la progression de l'Esprit absolu, qui est le moteur de l'histoire. À cette dialectique idéaliste, Marx a opposé le matérialisme historique, où l'histoire progresse avec les luttes sociales et les révolutions politiques. Selon lui, c'est la lutte des classes qui change les idéologies et non l'inverse. Les inventions théoriques d'Hegel et de Marx rejettent la linéarité du temps et mettent en œuvre les tensions, les contradictions idéologiques et matérielles, qui sont considérées comme le moteur de l'histoire dans une marche en avant chaotique.

Mais l'humanité ne vit pas la poursuite linéaire de son passé, ni davantage les synthèses successives de ses contradictions idéologiques et politiques. L'humanité crée constamment son futur sans prévenir personne, de plus en plus rapidement aujourd'hui, non par prolongation, ni par contradiction, mais par divergence. Non pas par des hypothèses, construites dans des logiques passéistes, mais par des idées imprévues, des consciences libres, des projets inédits, le plus souvent d'abord marginaux, latéraux, qui s'imposent éventuellement comme une nouvelle voie où s'engouffrera la majorité. L'humanité ne se survit pas à elle-même, elle ne se prolonge pas, elle ne résout pas ses contradictions dans des synthèses. Elle s'invente elle-même. Elle se projette dans l'inconnu, elle se crée dans la divergence.

## L'expérience ordinaire de la divergence

La pensée en arabesque tend à rassembler par des liens des éléments épars, fragmentaires ou incongrus de l'expérience. Elle réunit ce qui n'était pas lié. Mais nous dépendons aussi, sans en être nécessairement conscients, de l'expérience ordinaire de la divergence. Une divergence phénoménologique ou même ontologique. Qu'y a-t-il de commun entre la mesure d'une distance, par exemple un kilomètre, et l'expérience vécue que nous avons du même espace en le parcourant ? Comment un gynécologue peut-il encore faire l'amour avec passion ? Cela arrive sûrement, pourtant. La distance entre la physiologie médicale et l'érotisme semble infranchissable, mais elle ne l'est pas. Nous passons sans cesse de la conscience abstraite, conceptuelle, comptable, médicale, fonctionnelle ou géométrique d'un corps, d'un objet ou d'un espace, à l'expérience sensible, sentimentale, sensuelle, émotionnelle du même corps, du même objet, du même espace.

Notre vie mentale et psychique ordinaire est tissée de telles hétérogénéités, métamorphoses, dissociations d'attitudes qui sont fondamentalement des divergences. Des divergences structurelles du comportement humain, du rapport à soi, à l'autre, à l'espace, à l'objet, qui coexistent dans notre conscience, si incessantes et familières que nous passons des unes aux autres sans même y penser. La divergence est un mode basique de notre fonctionnement cérébral. Notre conscience est un monde hétéroclite, un chaos de fragments de connaissances et d'éclats ontologiques, de divergences existentielles, un agrégat d'instants, de réflexes, d'attitudes, de situations, d'engagements, simultanés ou successifs. Nous sommes tous plusieurs à la fois; nous jonglons avec des dissonances, des discontinuités, des postures, des rôles, selon nos désirs ou les attentes des autres. Et nous allons aisément d'un pôle à l'autre de ces galaxies de consciences hétérogènes, nous recentrant constamment sans nous poser de questions.

Il arrive cependant que l'une des fêlures ordinaires de notre rapport au monde nous apparaisse soudain comme un écart infranchissable, et que nous décidions de l'ignorer pour poursuivre tranquillement notre vie ordinaire. Ou que nous décidions de reconnaître l'irréversibilité de cette fracture et que nous l'approfondissions, que nous l'apprivoisions, que nous la déclarions et l'assumions publiquement, comme une divergence qui ouvre une nouvelle voie en science, en politique, en art, en philosophie, dans un domaine nouveau ou dans notre vie. Ceux qui ont cette liberté et cette audace s'appellent Galilée, Spinoza, Pasteur, Rimbaud, Monet, Marx, Freud ou Gandhi. Ils s'appellent aussi Hitler ou Pinochet, car il est des divergences terriblement destructrices. Ou encore, les agents de la divergence n'ont pas de nom, comme tant de déviants, de génies méconnus ou d'esprits fulgurants qui ont été ignorés, persécutés, exécutés, ou qui ont sombré dans la folie, incapables de porter le poids de l'exil mental que la divergence est susceptible d'imposer.

## Liens, ligands et hyperliens

Notre logique comme notre éthique reposent sur des liens, ceux de nos syntaxes et ceux de nos solidarités. Ces liens, qui sont la structure du Web avec ses hyperliens, constituent beaucoup plus qu'une métaphore. Ils sont à la base même de l'organisation de notre cerveau, comme le démontre les neurosciences, qui étudient les ligands neuronaux, ces liens chimico-électriques dont elles décrivent le fonctionnement.

Comme la lumière est fixée chimiquement sur une plaque argentique, dans le cerveau de l'enfant, des configurations neuronales portent le marquage indélébile des premières impressions de vie, constituant ainsi l'infrastructure réseautique originelle des activités cognitives et affectives futures. Ce sont ces premiers circuits acquis qui relient les neurones entre eux par les dendrites, et aux organes du corps humain par les axones. Et ils pourront être réactivés automatiquement dans des comportement gestuels du corps comme la marche, la natation, la bicyclette, la pratique du violon, etc. Ou ils le seront par la mémoire involontaire en relation avec un contexte évocateur du passé, par exemple à partir d'une odeur ou d'un goût rappelant à la conscience des souvenirs lointains qu'on ignorait même avoir pu conserver. Bien entendu, la mémoire est aussi un exercice volontaire.

Ces ligands sont donc les premiers liens, les premières configurations sur lesquelles se construit notre structure mentale – logique et langagière – et c'est en ce sens que j'ai pu soutenir dans *La société sur le divan* que la logique est biologique autant que sociologique.

La science nous dit que ce marquage est créé par la circulation des ions de neurone en neurone, selon des différences de potentiel électrique. Leurs mouvements ouvrent puis renforcent des circuits fréquemment utilisés par des modifications chimiques locales, qui jouent un rôle de neurotransmetteurs synaptiques. Ces traces chimiques sont en quelque sorte des facilitateurs des liens de la conscience, des supraconducteurs acquis, qui favorisant la réactivation des configurations originelles du cerveau. Les spécialistes ont observé le rôle de plusieurs ions dans ce marquage chimique, notamment par fixation de diverses concentrations de deux éléments chimiques courants, le potassium et le sodium, dont les ions créent des polarisations irréversibles, les LTP (*long-term potentiation*) liant durablement et positivement des affects, des émotions et des idées, ou inversement des LTD (*long-term depression*), qui agissent en sens inverse. Bien sûr, il y a aussi des conductivités suractivées qui créent des mémorisations cellulaires plus éphémères selon les usages sociaux et individuels répétitifs ou occasionnels. Aussi naïve qu'elle ait pu paraître, la métaphore cartésienne des petits trous du cerveau par lesquels la pensée passe et repasse et qui constituent notre mémoire, ne manquait pas d'intuition!

Il faut y ajouter le rôle d'excitateurs disponibles chimiquement dans le cerveau, tels que le glutamate et de multiples protéines et enzymes. Enfin d'autres substances neurotrophiques ont pour rôle de créer et de faire croître des dendrites et des arborisations de liens synaptiques là où de nombreuses activités neuronales exigent d'augmenter les connexions entre les neurones.

On nous apprend aussi que la circulation des ions a tendance à se localiser, de sorte que nous observons dans le cerveau des zones spécialisées, correspondant à des secteurs associatifs de différents domaines de mémoire ou d'actualisation fonctionnelle. Certains axones sont ouverts et donc plus polyvalents, d'autres sont gainés de myéline, une substance qui les isole et favorise leur spécialisation à distance, par exemple pour les commandes musculaires.

Les neurosciences ont donc découvert des mécanismes neurocérébraux extrêmement sophistiqués, qui évoquent les hyperliens que nous créons selon les besoins de nos recherches sur le Web et le marquage de la mémoire artificielle sur les supports synthétiques de nos ordinateurs, mais qui sont beaucoup plus complexes – comme chaque fois que la matière vivante est comparée aux algorithmes inscrits dans le silicium. Et cela montre la pertinence de la logique associative des liens biologiques que j'ai déjà évoquée, en relation avec la métaphore des hyperliens, mais aussi avec leur nature électronique, puisqu'on peut rapprocher le rôle des ions dans les connexions neuronales avec celui des circuits de transistors dans les puces.

Les ligands créent des traces mnésiques infrastructurelles à partir desquelles l'adulte configurera encore des années plus tard sa conscience et la logique de ses pensées, selon ses émotions de naissance et les impressions de ses premières années.

Ainsi, on observe que chez le nouveau-né, ou chez le petit animal, le rituel alimentaire crée un lien affectif fort et durable avec le parent nourricier. La quête de la tétée de l'enfant, le piétement du chat qui a massé avec ses pattes les mamelles de sa mère pour augmenter le débit du lait, la régurgitation de l'oiseau dans le bec des oisillons ne seront jamais oubliés par l'individu adulte, qu'il s'agisse de l'humain qui suce des bonbons ou tète sa cigarette, du chat satisfait, ou de l'oiseau mâle qui veut combler la femelle qu'il a séduite en lui offrant de la nourriture régurgitée. Mes petits perroquets, qu'on appelle des « inséparables », le font aussi devant moi, dans une sorte d'automatisme associé au lien affectif. De même, j'observe chez eux qu'ils préféreront toujours à l'âge adulte la miette de gâteau dans ma main au gâteau entier sur la table, assurément parce qu'ils ont été nourris à la main dès leur naissance.

Et inversement, chez l'être humain adolescent ou adulte, la boulimie pourra compenser un manque affectif grave de l'enfance, dans la mesure où la nourriture demeure associée à l'amour parental, et joue un rôle d'ersatz affectif de complétude dans une situation de manque et d'anxiété. En ce sens, la boulimie et l'anorexie se traiteront autant par une psychothérapie que par l'intervention chimique de tranquillisants ou neutralisateurs synaptiques.

Les connexions émotives initiales constituent notre première infrastructure cérébrale, d'autant plus fondamentale qu'en nous en servant par automatisme, nous allons l'oublier et perdre tout pouvoir de la modifier. S'y ajouteront d'autres marquages, selon les événements de notre vie, qui vont aussi inscrire des connexions qu'on pourra considérer importantes et donc signifiantes, ou très occasionnelles, et dont notre mémoire n'a aucun intérêt à se surcharger.

Lorsque nous parlons de divergence, cela signifie à la lettre que l'être humain sera capable de requestionner ses modes de pensée biologiquement acquis au cours de ses premières années de vie. Il sera capable de les modifier malgré leur force d'inertie, source de conformisme. Cela demande un véritable effort et éventuellement de nouvelles émotions, une déstabilisation, des obsessions ou une grande volonté, ou encore une situation de crise, pour qu'une personne se libère de ces circuits neuronaux acquis par habitude et crée des liens inédits entre des idées, des valeurs et des comportements, c'est-à-dire de nouvelles configurations conceptuelles ou imaginaires, instigatrices de divergences créatrices. La création humaine n'est possible que grâce à la neuroplasticité du cerveau que les neurologues ont récemment démontrée, et qui semble plus développée dans l'espèce humaine que dans les autres espèces vivantes. Ces dernières sont manifestement moins innovatrices et évoluent donc beaucoup plus lentement que nous.

À travers la culture ambiante et l'éducation – ce que Lacan appelait *l'Autre* et qui est présent dans la matrice parentale du nouveau-né –, ces liens inédits, établis selon de nouvelles configurations, pourront donc devenir à leur tour des ligands durables, engageant des mutations neuronales chez l'être humain. Pensons au développement de certaines zones neuronales, à la diminution d'autres – par exemple celles de l'odorat –, à l'accroissement du volume du cerveau, à l'équilibre de la locomotion verticale, au développement synaptique considérable dans une zone spécifique du cerveau d'un virtuose du violon, etc.

Décidément, les hyperliens du monde numérique ont plus qu'une valeur instrumentale et métaphorique. Ils renouent avec la chimie et l'électricité même de la vie. Ce sont eux qui désormais nous incitent à couper-coller, recycler, remixer des textes et des images, et donc des idées, des valeurs et des comportements. De quoi sommes-nous encore les créateurs et les auteurs individuels ? Est-ce cela que nous devrions appeler l'intelligence collective dont on nous annonce le grand développement à venir ? Cela est-il vraiment nouveau ? Faut-il remixer les questions ? L'intelligence collective est-elle capable de remettre en question les stéréotypes de la pensée ? On peut en douter. N'est-elle pas plutôt une fabulation qui fonde sa vertu sur le nombre et serait peu apte à initier une divergence ?

## La divergence de nos structures mentales

Alpha. Beta. L'alphabet grec ancien comptait vingt-quatre lettres. L'alphabet latin que nous utilisons en Occident en compte vingt-sept, avec quelques variantes selon les langues. L'alphabet arabe en compte vingt-huit. La grande innovation du XX^e^ siècle a été le recours extensif au code binaire en informatique. Quelle est la différence entre un code et un alphabet ? Le dictionnaire *Robert* définit le code comme « un système de symboles destiné à représenter et à transmettre une information », et l'alphabet comme « un système de signes graphiques servant à la transcription des sons d'une langue». Les idéogrammes chinois sont aussi un code graphique qui correspond à une langue, mais sans être originellement phonétique. Autrement dit, tout alphabet est un code qui correspond à des langues, tandis qu'un code ne correspond pas nécessairement à une langue. On peut coder un alphabet, comme le fait l'informatique. Il existe aussi des codes de couleur, des codes secrets qui permettent de dissimuler un alphabet, etc. Théoriquement, le nombre de codes possibles est sans limite. L'utilisation d'un code binaire, qui utilise le passage ou non de l'électricité dans un transistor bipolaire, est une réduction extrême de la notion de code. C'est en cela qu'elle a été géniale. Grâce à sa simplicité, elle permet d'innombrables séries de combinaisons et donc la transcription mais aussi la transmission d'une infinité de langages.

Le numérique provoque une transformation accélérée de nos structures mentales, psychiques et cognitives. Nous passons manifestement de la rigidité de la pensée linéaire à la flexibilité de la pensée en arabesque, du raisonnement logique à la configuration par liens, de la causalité à la sérendipité. Notre syntaxe est devenue associative, comme les idéogrammes chinois. Dans nos bibliothèques virtuelles, nous avons remplacé nos tiroirs à fiches alphabétiques enfilées sur des tiges par des moteurs de recherche traquant à haute vitesse les hyperliens. Les classifications aristotéliciennes par catégories et ensembles ont cédé la place aux *mappings* ou cartographies sémantiques.

Le zapping a mauvaise réputation. Et pourtant la télécommande est l'une des plus belles inventions du monde de la télévision, l'emblème de notre liberté médiatique. Elle permet de zapper le harcèlement de la publicité et d'échapper à la bêtise qu'elle exploite si souvent. C'est aussi le symbole de notre nouvelle structure mentale, qui saute librement de lien en lien au lieu de se soumettre à un enchaînement linéaire imposé par le conformisme social, terriblement réducteur par rapport à la complexité du monde, et trop souvent institué comme un mode d'exercice du pouvoir idéologique central sur ses sujets.

## L'instinct de création

Dans *CyberProméthée*, j'ai montré l'importance de l'instinct de puissance, que j'ai attelé avec Éros et Thanatos au char freudien de la psychanalyse. Mais j'insisterai ici sur l'instinct de création, une disposition de l'instinct de puissance que j'opposerai aussi aux démons tristes de Freud, car la puissance de création me semble plus joyeuse, même si elle peut comporter sa part d'angoisse et apparaître aussi dans les comportements les plus destructeurs et même pervers, dont Freud a fait son domaine de prédilection.

On ne saurait expliquer le génie créatif de Van Gogh ou d'Antonin Artaud avec la théorie darwinienne d'écarts dus au hasard, permettant une adaptation, puis une sélection assurant la survie de l'espèce. Leur audace les a isolés comme des artistes maudits et conduits à l'asile psychiatrique et à la misère. On ne saurait non plus expliquer ainsi l'invention de la relativité par Einstein, ou de la mécanique quantique par Niels Bohr. Ni davantage l'émergence des technologies numériques. Les concepts darwiniens sont inopérants face à ces innovations, qui ont pourtant une importance évolutive majeure pour notre espèce. Nous ne saurions nier ici l'instinct de création qui anime les programmeurs.

Oui, il existe dans la nature, y compris dans la nature humaine, un instinct de création, qui procède par rupture et en assume le risque. Même si nous sommes aujourd'hui démunis pour en démontrer l'existence, nous l'affirmons parce que ses effets sont indéniables. Les idées majeures qui sont apparues dans l'histoire humaine sont celles qui l'ont fait diverger.

Il ne suffit pas de dire que la vie sur Terre a commencé il y a quatre milliards d'années dans les eaux bouillonnantes et salées des océans, puis qu'elle s'est adaptée progressivement à la vie terrestre par petits écarts successifs depuis quatre cents millions d'années. Le matérialisme a été conçu comme une libération de l'aliénation religieuse. Mais je peux comprendre que les créationnistes jugent les explications de Darwin bien insuffisantes pour expliquer notre existence. On ne peut pas expliquer notre existence en la réduisant à un mécanisme simpliste de la matière, fût-elle vivante. D'autant plus que la matière n'est qu'un moment éphémère d'équilibre de l'énergie. Depuis le XIX^e^ siècle, les sciences de la vie ont connu un développement spectaculaire. La matière est devenue elle-même dynamique et vivante : nous savons désormais créer électrochimiquement une vie élémentaire. Nous devrions donc réhabiliter le vitalisme, qui a été rejeté par le matérialisme en raison du spiritualisme qui lui était originellement associé. Certes, nous avons longtemps été réticents par rapport à ce concept qui semblait, au premier abord, aussi simpliste que « la vertu dormitive du sommeil » dont se moquait Molière. Mais le reproche ne vaudrait-il pas tout autant pour beaucoup d'autres concepts opératoires de la science ? Nous ne devrions plus redouter que certains l'interprètent comme une dynamique surnaturelle qui pourrait réintroduire un mystère païen. Peut-être devrions-nous interpréter le vitalisme, qui n'est pas une théorie constituée, en élargissant la théorie du magnétisme, par des différences de potentiel électrochimique entre les cellules. Mais ce ne serait pas suffisant. Le vitalisme est une puissance matérielle de la matière vivante, une puissance évidente de développement biologique et de divergence de la nature. Ce n'est pas parce que nous n'avons pas la capacité de l'expliquer qu'il n'existe pas. Le vitalisme est l'intelligence en action de la matière, qui est évidente, à moins de préférer demeurer aveugle et sourd. Elle invente, elle programme, elle inscrit ses programmes dans la matière, elle cherche, elle foisonne, elle expérimente, elle diverge. Sinon, l'univers lui-même n'existerait pas. Le fait que nous soyons de plus en plus capables de déchiffrer des processus physiques, chimiques, physiologiques de la vie ne signifie pas que nous sachions expliquer le vitalisme qui les a créés, mais seulement que nous sommes parties prenantes de la vie qui anime la matière. Nous en sommes une parcelle qui a la capacité de penser et de dire cette intelligence. Sans ce vitalisme de la nature, nous ne serions pas là pour en parler.

J'appelle volonté-monde ce vitalisme qui habite l'univers, sa puissance atomique et son expansion depuis le big bang. Je l'appelle volonté-monde parce qu'elle n'est pas seulement une démarche personnelle subjective. C'est du monde auquel j'appartiens que je la puise. Cette volonté-monde se manifeste dans la naissance des étoiles, dans les éruptions solaires, dans la sève qui gonfle les végétaux chaque printemps, dans nos pulsions sexuelles, dans l'instinct de création de chaque artiste, de chaque entrepreneur, de chaque enfant qui part à la conquête du monde et de sa vie.

Toutes les mythologies des origines ont imaginé cette volonté-monde en acte. N'est-ce pas ce que nous dit aussi la Bible ? Les grandes philosophies ont diversement formulé cette volonté-monde. Les unes, comme le bouddhisme et le taoïsme, l'ont rejetée, la considérant comme la cause de toutes nos souffrances et nous invitant à consacrer nos vies à nous en libérer. Les autres l'ont considérée comme une puissance fondamentale, soit positive, soit négative, de notre évolution et de nos comportements humains. Hegel appelle dialectique de la Raison cette volonté-monde qui nous conduit, selon lui, par-devers les chaos de la thèse et de l'antithèse vers l'accomplissement de notre Histoire. Nietzsche fait entrer en scène la volonté de puissance et le Surhomme. Schopenhauer décrit le monde comme volonté et comme représentation et nous voit comme des victimes inconscientes de cette puissance aliénatrice. Marx célèbre les accomplissements dialectiques de son Histoire et de la puissance économique en mythifiant la classe ouvrière, le travail, la lutte et la révolution. Freud nomme Éros et Thanatos les deux grandes pulsions qui déterminent nos comportements. Wilhelm Reich l'a appelée « l'orgone » et a déclaré le règne de l'énergie sexuelle qu'il interprétait en termes de bioélectricité, « une énergie cosmique fondamentalement nouvelle, obéissant à des lois fonctionnelles et non mécaniques, omniprésente ». L'existentialisme sartrien décline métaphysiquement cette dialectique entre le néant et l'être pour affirmer que nous sommes ce que nous faisons. Certes, je ne partage pas le scepticisme de Schopenhauer, ni celui de Freud. Et je me moque du culte thérapeutique de l'orgasme et des accélérateurs d'orgone de Reich. J'opte pour un optimisme volontariste ou une volonté-monde constructrice. Je ne partage pas davantage la philosophie idéaliste d'Hegel, mais il faut bien admettre comme lui qu'il y a des hauts et des bas, des progrès et, inversement, ce qu'on a appelé des « régrès » dans le mouvement de cette volonté-monde. Je m'oppose à l'amoralisme provocateur de Nietzsche autant qu'à son concept de surhomme, mais nous devons beaucoup à sa volonté de déconstruction conceptuelle, pionnière du postmodernisme. C'est sans doute du matérialisme utopiste de Marx que je me sens le plus proche, dans une vision prométhéenne du monde. Le mythe grec est magnifiquement porteur de cette volonté-monde, personnalisé dans les deux figures emblématiques et complémentaires de Prométhée et de Sisyphe. Inversement, le mythe chrétien est dévastateur. Il ruine l'idée même de cette volonté-monde dans une aliénation théologique de l'être humain.

Cette volonté-monde, c'est la pulsion existentielle obsessive qui habite chacun de nous dans son désir de vivre, et dans son refus de la mort. C'est la volonté d'exister qui nous mène, qui mène le monde. Nous ne lâchons plus le téléphone portable qui s'est incrusté dans la paume de notre main. Le numérique nous donne l'incroyable illusion d'exister partout et sans cesse pour les autres. Et nous attisons fébrilement aussi ces liens, comme le feu de l'existence, comme un souffle de vie.

Nous nous comportons comme les mouches à feu des nuits chaudes d'été, qui lancent des signaux lumineux au hasard de l'obscurité, dans leurs parades sociales, pour que la vie continue.

Chaque vie veut créer quelque chose qui lui survive: enfants, entreprise, œuvre. L'adolescent anonyme consacre d'immenses efforts à exister socialement dans l'univers des réseaux sociaux. Que ne faisons-nous pas, quotidiennement, pour exister, pour exister plus qu'hier, pour nous accomplir nous-mêmes. La perfection, c'est étymologiquement « l'être plus ». Dans *CyberProméthée*, j'ai décrit la genèse en chacun de nous de cet instinct de puissance qui nous obsède dès la naissance du fait de notre impuissance physique de nouveau-né qui s'agite comme une tortue sur le dos. La volonté d'exister, d'être au monde, est en chacun de nous comme la sève dans la plante, comme l'énergie du magma, comme le jaillissement du volcan, comme la chute des corps célestes, comme la rotation de la Terre sur elle-même, comme la faim, comme la pulsion sexuelle, comme l'ambition du politicien, comme l'excitation de l'explorateur, comme la volonté du chercheur scientifique, comme l'ego de l'artiste, comme la persévérance du champion sportif, comme le dolorisme du saint, comme la lutte du mourant contre l'inévitable. L'univers est volonté-monde. L'homme est partie prenante de cette volonté-monde lui aussi. L'instinct de création est cette volonté-monde. La divergence est cette volonté-monde.

Ne me demandez pas pourquoi la volonté-monde existe. Elle est le grand mystère. Elle est l'être. L'être qui veut. Les créationnistes croient que tout est expliqué dans les mots de la Bible, qui n'est pourtant qu'une mythologie occidentale parmi tant d'autres. Reconnaître la puissance incontestable de la volonté-monde, ce n'est aucunement se déclarer créationniste ! Les matérialistes athées dont je suis n'y voient qu'une énergie matérielle en acte, qui se manifeste avec évidence dans l'évolution et dans la vie, dans l'intelligence des plantes et celle des hommes, capable tout autant de se répéter que de diverger vers l'inconnu.

## Les divergences de la vie

La vie elle-même dans son cheminement créatif se présente comme une suite de divergences. Le mouvement de la matière existe : celui des planètes, des astres, des galaxies, celui des couches tectoniques et géologiques, celui de la matière en fusion, de l'air, de l'eau, donc des quatre éléments premiers. Il n'y a pas de matière inerte. Il n'y a pas de discontinuité entre la matière que nous disons minérale et la vie. Notre corps a besoin de minéraux pour vivre. La matière qualifiée d'organique est constituée des mêmes éléments chimiques que la matière pétrifiée. Il n'y a pas de solution de continuité entre la matière d'apparence inerte et la matière vivante. Le corps humain est constitué majoritairement d'eau. La coquille d'œuf que secrète la poule est calcaire, les dents sont de l'ivoire, les bois de cerfs ou les ongles, de la corne. Les coraux, les mollusques, les tortues secrètent des matériaux. Les os du squelette des animaux sont de la matière à la fois minérale et vivante. Il existe tous les degrés entre matière « morte » et matière « vivante », y compris des états hybrides.

Et nous avons appris qu'on ne peut davantage opposer matière et énergie. La matière vibre. Même dans ses apparences inertes, elle n'est que de l'énergie immobile. Nous ne devrions plus nous qualifier de philosophes matérialistes, mais vitalistes, tant l'énergie domine sur la matière dans l'univers.

Pourtant, nous pensons comme des divergences le passage de la matière inerte à la matière en fusion, la mutation de l'eau en glace dure ou en fumée volatile, la sécrétion par la matière vivante du calcaire de l'œuf, de l'ivoire des dents, des bois du cervidé, des perles des huîtres, etc. Et ce sont bien, en effet, des divergences naturelles.

La vie elle-même, qu'elle soit celle des plantes, des animaux ou de l'homme, avec toute la complexité qu'elle condense, est née de la matière. Elle est, elle aussi, une divergence naturelle. Et nous observons que la nature a inventé des scénarios de vie non seulement innombrables, mais contradictoires, en créant des milliards de virus, de bactéries, d'insectes, de champignons, de végétaux, d'espèces animales divergentes biologiquement. L'hétérogénéité des milieux de vie aquatiques, terrestres, tropicaux, glaciaires ou extrêmes, nous sidère. Chaque écosystème, chaque genre, chaque espèce, chaque sexe, chaque être vivant est une divergence. Cela a commencé il y a des milliards d'années, et cela continue. Il n'y a aucune raison pour que les états actuels de la vie soient des aboutissements stabilisés. La création des divergences ne cessera pas ! Et c'est sans compter, au-delà des divergences naturelles, toutes les divergences artificielles, créées par l'homme, des plastiques et autres matériaux de synthèse aux écosystèmes agricoles, urbains, numériques, sans oublier les manipulations des génomes des plantes, des animaux et des humains.

## Rationalité sociale et divergence

Face au désordre interne qui menace sans cesse les groupes sociaux, les hommes tentent constamment d'élaborer, de consolider, de légitimer, de faire progresser les diverses rationalités sociales qu'ils érigent en institutions et qu'ils soutiennent par des hiérarchies, des sanctions et des gratifications, des usages cérémoniels et des rituels. L'édifice institutionnel est organisé en pouvoirs publics, corporatifs et privés qui s'appuient les uns sur les autres, s'assouplissent ou se durcissent selon les moments pour s'adapter aux évolutions sociales sans en perdre le contrôle. Ces rationalisations sociales, qui demeurent très diverses selon les régions et les époques, voire contradictoires, régentent tout ce qui bouge en bien comme en mal. Dans les sociétés premières très intégrées aux rythmes de la nature, il semble qu'on veillait à ce que rien ne bouge. Nombreux sont les mythes qui légitiment ces immobilismes collectifs. La morale aussi contribue habituellement à ces rationalisations extensives et armées de sanctions, qui tendent toujours à se maintenir face aux forces explosives, et qui sont nécessairement en retard face au changement. La rationalité sociale est conservatrice, voire réactionnaire de nature. C'est face à cette rationalité lourdement élaborée et omniprésente, ressentie comme un ordre social naturel, nécessaire et de bon sens, que se situe la divergence, qu'elle soit politique, morale, culturelle, intellectuelle ou scientifique. Elle ose penser que cette « nature sociale » n'a pas l'évidence que d'aucuns lui attribuent, qu'elle n'a jamais été ou n'est plus pertinente et qu'elle peut être changée selon de nouvelles idées. La divergence est le plus souvent une pensée rebelle, individuelle et sans pouvoir face à la rationalité collective établie et vigilante dont elle prétend secouer les fondations.

C'est dans ce contexte qu'il est intéressant d'aborder le concept de transexpérience proposé par l'artiste chinois Chen Zhen au tournant des années 1990. Le mot peut au premier abord paraître étrange. Il semble indiquer une expérience intense de magie, d'extase, de transgression, de transsexualité ou de transmédialité. Le terme même est assez inhabituel pour constituer un outil d'exploration. Certes, si nous en calquons le sens sur la distinction entre le multidisciplinaire, l'interdisciplinaire et le transdisciplinaire, nous tombons dans des distinguos académiques. Mais il en va tout autrement si nous le situons en évoquant le multiculturel, l'interculturel et le transculturel, des concepts très actuels dont nous avons découvert l'importance dans les pays d'immigration, depuis que nous questionnons le bien-fondé du multiculturalisme. Ainsi, nous doutons de la réalité du transculturel, nous questionnons les incompréhensions humaines que suscitent les différences de cultures d'origine, le retour, par exemple, à un islam fondamentaliste chez les enfants d'immigrés dans les pays occidentaux. Et lorsque nous cherchons à définir la notion d'accommodements raisonnables, nous mettons à nu rien de moins que des intolérances profondes et réciproques de vécus individuels. Nous observons certes dans la majorité des cas une adaptation et une intégration dans la culture d'accueil, mais aussi des résistances qui se durcissent. Sous la séduction du rêve d'une vie meilleure, nous voyons apparaître la puissance et les démons de l'étrangeté culturelle.

Mais le concept de transexpérience semble un incontournable lorsque nous abordons la genèse de la divergence. Si nous considérons par exemple le domaine de l'art, je postulerai – et c'est loin d'être généralisable, mais cela vaut certainement dans le cas de tous les grands artistes – que nous nous situons à l'opposé des rigidités des cultures établies et des peurs identitaires, dans un exigence d'exploration et d'ouverture audacieuse, au-delà des réflexes d'autodéfense/agression. Je peux alors concevoir la transexpérience comme la capacité de l'artiste tout autant que du public de projeter ou de lire dans une œuvre une interrogation puissante et une expérience intense susceptibles d'être partagées et, possiblement, enrichies ou transformées par l'appropriation du public. N'est-ce pas une transexpérience que je vis en regardant une peinture zen de Rothko ou l'angoissant *Cri* de Münch, au-delà de mes expériences personnelles ? Ces œuvres mettent en jeu la capacité de chacun d'éprouver personnellement l'émotion d'un autre, d'épouser son anxiété, bien sûr en y mêlant ses propres sentiments, ses propres expériences, ses propres questionnements. Il y a nécessairement une alchimie, une synthèse ou une dialectique dans la dynamique psychique d'une transexpérience. On ne saurait nier l'importance de ces va-et-vient interindividuels. Mais avouons que le concept se banalise alors, quand bien même il exprimerait le défi de l'intelligence interindividuelle et de l'empathie. La transexpérience ne serait peut-être même qu'une modalité nécessaire et quotidienne des échanges humains, davantage exaltée dans l'art que dans les socialités ordinaires.

Le concept devient beaucoup plus intéressant si nous considérons la démarche de l'artiste qui s'y est référé le premier. Chen Zhen, né en 1955 à Shanghai, a fui la Chine maoïste en 1986 et s'est établi en France. Il y a alors fait l'expérience d'un second choc culturel face à l'art occidental, auquel il décida de s'adapter. Il a dès lors pris conscience des spécificités d'une démarche non seulement interculturelle mais inévitablement transculturelle, la sienne au cours de son engagement existentiel sino-français. Cette « situation », au sens situationniste de l'expérience vécue qui tente d'échapper aux conformismes des sociétés-spectacles, se reflète dans l'originalité et la tension de ses œuvres, notamment de ses sculptures et de ses installations. Bien que mort jeune, en 2000, il a obtenu une reconnaissance internationale, consacrée notamment par l'exposition-hommage que lui a consacré l'Art Institut de Boston en 2000. Nous citerons ici de lui deux déclarations très éclairantes (*Les Entretiens*, Presses du réel, 2001) :

> Les Français disent « c'est du chinois » pour indiquer quelque chose d'incompréhensible. Je le prends comme un très grand compliment. Cela montre que les Chinois n'abordent pas les problèmes de front et qu'ils commencent par ne rien affirmer. Nous nous exprimons par allusions, évocations, par métaphores en nous servant d'un prétexte, d'un paradoxe, d'un renversement d'idée, d'un euphémisme.

> Dans la réalisation de mes projets artistiques, le concept sème et les mains récoltent. Je reste encore aujourd'hui un paysan, dans le sens où mes mains m'assurent chaque fois de la qualité de la cueillette. Je crois à l'intelligence de la main, et surtout à la force d'équilibre entre main et savoir. Si mes

pensées se situent dans l'ombre, alors mes mains deviennent lumière. Mes mains représentent la moitié de mon œuvre, de mon cerveau et de mon existence.

On peut alors se demander si l'intelligence de la main ne conserve pas instinctivement, physiquement, ses repères culturels de naissance, tandis que l'intelligence conceptuelle, plus abstraite ou désincarnée serait davantage capable de s'en éloigner et d'embrasser les points de vue étrangers, qu'elle saisit sans les épouser aussi intimement.

Chen Zhen nous invite à repenser l'hétérogénéité des rencontres civilisationnelles auxquelles nous sommes de plus en plus exposés, et qui vont constituer un défi incontournable dans notre volonté nouvelle de respect des diversités culturelles. Les coproductions cinématographiques qui doivent tenter de rejoindre les différents publics des pays d'où provient leur financement relèveront-elles le défi en langue espéranto ? Allons-nous adopter une cuisine « internationale », finalement fade ? Ou allons-nous faire vibrer et intensifier des spécificités culturelles, quitte à les juxtaposer ? Nous-mêmes, en lisant un roman étranger, cherchons-nous des psychologies de personnages citoyens du monde (à supposer que cela puisse se concevoir) ? Ou sommes-nous attirés par des spécificités slaves, indiennes, japonaises, mexicaines ? L'artiste qui fait une performance vise-t-il à toucher une sensibilité hybride, celle de tout le monde ? Ou ne cherche-t-il pas à exprimer une universalité dans l'exploration de ses interrogations, angoisses, et désirs les plus personnels ?

Il est évident pour qui connaît les œuvres de Chen Zhen que sa démarche ne consiste pas en un mélange culturel intégré. Il n'agrège pas des touches de culture chinoise, par exemple des références à Mao, des visages asiatiques ou des idéogrammes, à une tradition artistique occidentale, comme le font malheureusement la plupart des artistes chinois actuels que se disputent avidement les collectionneurs-spéculateurs chez eux comme en Europe. Il ne nous propose pas une salade de fruits avec des litchis et des tranches de pommes. Il réussit à approfondir et exalter une transexpérience capable d'interroger le regard autant chinois qu'européen au niveau des images du monde et des valeurs spécifiques de chaque continent. Dès lors, échappant aux lieux communs des deux cultures, l'art s'aventure plus loin et explore l'inconnu. Il acquiert une puissance de questionnement et crée une expérience psychique extraordinaire.

La transexpérience se présente donc comme une démarche transculturelle. Et nous comprenons le sens du mot. Son importance tient à notre époque, tandis que se construit une tour de Babel de l'art: un phénomène tout à fait inédit d'implosion de l'impérialisme de nos métropoles culturelles. Allons-nous alors revaloriser aussi les démarches artistiques des zones périphériques ? C'est un vaste débat qui s'ouvre, celui de l'accord à trouver entre la mondialisation triomphante et l'enracinement identitaire réaffirmé des cultures, les deux pôles de notre nouvelle conscience du monde.

Allons plus loin. La transexpérience exige de l'individu souplesse de l'esprit et sensibilité, une capacité d'ouverture à d'autres idées, à d'autres hypothèses ou intuitions que celles auxquelles adhère son groupe d'appartenance. La transexpérience suppose une volonté de refus des idées, valeurs et modes de pensée qui ont autorité autour de soi. Elle est la condition nécessaire à toute divergence, qui se présente alors comme une extravagance ou un délit, qu'il soit social, intellectuel, politique, scientifique ou artistique. La genèse humaine individuelle des grandes divergences est difficile à expliquer. Il faudrait pour chaque génie – artiste, chercheur, philosophe, révolutionnaire – analyser sa biographie et le contexte de son époque. Mais nous n'avons pas besoin d'entrer ici dans cette approche psychanalytique et historique pour constater le rôle majeur que n'ont cessé d'avoir, depuis plus de trois mille ans ces génies individuels, parfois finalement célébrés de leur vivant, mais le plus souvent marginalisés, voire condamnés. C'est à ses risques et périls qu'on traverse le mur des conformismes et des discours institués pour assumer une position divergente. Pendant des millénaires, ce fut puni par l'exil, l'excommunication, le bûcher, la mort. Ce l'est encore aujourd'hui dans beaucoup de pays. Même l'homosexualité, alors que la liberté d'orientation sexuelle compte aujourd'hui parmi les droits fondamentaux inscrits dans les nouvelles législations occidentales, demeure un crime dans beaucoup d'États conservateurs. Mais, toujours, surgit un nouveau délinquant, Robin des Bois marginal ou penseur profond et persévérant, qui tire soudain de côté une flèche nouvelle, inattendue, aiguë, vers laquelle nos regards se tournent.

## De l'origine des espèces par la divergence

Avec *De l'origine des espèces par le moyen de la sélection naturelle, ou La préservation des races favorisées dans la lutte pour la vie*, paru en 1859, la théorie darwinienne de l'évolution naturelle marquait une formidable rupture par rapport aux croyances qui dominaient l'Occident, alors que la création biblique constituait la théologie officielle du christianisme. Mais cet hommage rendu, force est de constater aussi que cette théorie, qui demeure fondamentale pour comprendre l'évolution des règnes animal et végétal, ne permet pas d'expliquer les divergences de l'évolution en général. L'observation de la faune et de la flore actuelles, où nous voyons des scénarios de vie que nous ne saurions même imaginer avant de les découvrir, nous qui concevons au mieux des chimères par des coupés-collés élémentaires, nous oblige à reconnaître que les adaptations par sélection naturelle ne sont qu'un processus secondaire de l'évolution des espèces magistralement mise en évidence par Darwin, en comparaison des faisceaux de divergences radicales d'où résulte aujourd'hui la multitude des différentiels de vie existants. Entre les milieux de vie, les genres et les espèces, nous observons de telles différences, de telles incompatibilités, de tels contrastes, voire de telles contradictions dans les solutions que la vie a choisies pour se développer, en se différenciant à l'extrême, qu'il est impensable d'en attribuer la cause aux seules adaptations et sélection naturelles. On sait, certes, que des stress environnementaux créent des accélérations évolutives en stimulant les mutations. Mais ce n'est pas tant la transmission *a posteriori* de caractères acquis qui est décisive dans cette infinie diversification des espèces, que la nouveauté des mutations possibles par sauts et différenciations créatrices. Ce sont ces divergences qui retiennent désormais le plus l'attention des biologistes. Il y a dans la nature une force de création qui n'a rien à voir avec un dieu. Elle est inscrite dans le potentiel de la nature, comme un moteur de vie, cette volonté-monde qui explore et recombine sans limite l'alphabet de la vie pour créer d'autres scénarios biologiques, d'autres espèces qui subiront la loi de la compatibilité avec leur environnement et seront capables ou non de s'y adapter et d'évoluer, quant au détail, selon la loi darwinienne.

De ce que j'affirme, je ne saurais donner évidemment de preuve scientifique. Mais une si grande diversité atteste par sa seule existence de la puissance de divergence de la nature. La loi de la divergence est aujourd'hui de plus en plus prise en compte en physique, comme nous allons le souligner ; elle s'impose aussi en biologie, et dans les évolutions sociales. Le darwinisme s'inscrivait dans la pensée linéaire. Les processus de divergence se poursuivent, comme on le constate notamment avec les mutations virales et cellulaires qui compliquent considérablement les recherches médicales.

L'évolution humaine a certes connu de nombreuses adaptations et sélections naturelles. On a même mis en évidence l'existence de deux espèces humaines dans le passé, dont une seule a survécu. Mais on peinerait à expliquer le différentiel qui s'est accru exponentiellement entre « nous » et les autres espèces animales par seule sélection naturelle et transmission des caractères acquis. Sans doute plusieurs espèces animales utilisent-elles, comme nous, des outils, parfois de façon étonnante. Le castor crée des barrages sophistiqués, les fourmis et les abeilles, des sociétés industrieuses; nous pourrions citer mille exemples qui contredisent la différence prétendument radicale entre l'homme et l'animal, affirmée à tort par tant de philosophes et d'anthropologues célèbres, mais anthropocentristes. Il s'agit bien avec l'espèce humaine d'un cas de divergence permanente et spectaculaire. Et c'est même désormais, tout au contraire de la loi darwinienne, l'homme qui adapte à lui-même, à ses projets, voire à ses folies son écosystème naturel et la Terre, au point où les scientifiques parlent d'*Anthropocène* pour nommer notre époque.

Le darwinisme n'est pas faux, il est scientifiquement démontré, mais il est insuffisant. Il constitue un élément partiel d'explication de l'évolution, une explication de détail, quasi anecdotique comme les exemples d'adaptation que Darwin cite à l'appui de sa démonstration. La seule observation des écarts souvent extrêmes dans les scénarios de la nature nous oblige à passer d'une loi de l'adaptation à une loi de la divergence, qui, elle, n'est pas démontrable par le détail de l'observation, mais qui s'impose par une vue d'ensemble des voies créatrices explorées par la nature.

## La divergence est une loi universelle de la nature

La divergence n'est pas seulement le fait de l'évolution des espèces vivantes. Elle se trouve aussi couramment dans les lois physiques de la nature. Prenons un exemple d'apparence bien ordinaire: le passage de l'eau de l'état liquide à l'état gazeux ou à l'état solide est le fruit de variations des liaisons chimiques entre les molécules d'eau, par discontinuité, rupture et divergence.

Nous avons souligné la dynamique de la divergence, qui émerge par sauts et ruptures. Mais l'inertie aussi est paradoxalement un mode de divergence et elle est le fondement de la loi de la conservation de la matière qui explique l'ordre qui règne dans la nature, à l'opposé du bouillon informe d'électrons qui devrait résulter des attractions électromagnétiques, des mélanges atomiques et moléculaires, des porosités et des échanges chimiques. La divergence doit alors être vue comme un processus de différenciation et de structuration par inertie de la matière. La nature est organisée par séparation des formes des objets et des êtres vivants qui sont en contact direct. Ces « frontières » physico-électro-chimiques constituent des divergences dans le grand Tout de la matière. Ainsi s'explique le fait que l'être humain vivant démontre une cohésion interne, une adhérence organique à l'intérieur de sa peau, au lieu de se diluer dans l'air et l'eau, alors que son corps, mort, se dissoudra dans la terre. C'est l'énergie vitale électro-chimique et son programme génétique, ce que nous avons appelé le vitalisme, qui maintiennent la cohésion des molécules du corps. Mais la matière d'un pot de terre ou d'une casserole aussi demeure étanche et ne se dissout pas par capillarité dans l'eau que j'y verse. La cuiller ne se fond pas dans le pot de crème. L'eau, une matière fluide et molle, que je verse lentement dans un verre finit par former une surface courbe arquée au-dessus des bords du verre, retenue par une tension interne, au lieu de se répandre à l'extérieur comme le voudrait l'évidence première (un phénomène de physicochimie qui intéressa beaucoup le prix Nobel Pierre-Gilles de Gennes). La divergence est la loi de la conservation universelle qui tend à expliquer comment la plupart des matières peuvent coexister en contact les unes avec les autres sans se mélanger, malgré les capillarités, oxydations et échanges gazeux qui assurent eux aussi les processus vitaux.

Cette problématique de ce qu'on appelle donc en physique *la divergence* a retenu l'attention des mathématiciens depuis longtemps. On la trouve déjà dans *La Monadologie* de Leibniz. Les monades, telles qu'il les décrit, sont des formes qui obéissent à leur seule loi interne :

> Il n'y a pas moyen aussi d'expliquer comment une Monade puisse être altérée ou changée dans son intérieur par quelque autre créature, puisqu'on n'y saurait rien transposer, ni concevoir en elle aucun mouvement interne qui puisse être excité, dirigé, augmenté ou diminué là-dedans, comme cela se peut dans les composés ou il y a du changement entre les parties. Les Monades n'ont point de fenêtres par lesquelles quelque chose y puisse entrer ou sortir.

Et pour expliquer les échanges entre ces monades, et en particulier les liens entre l'âme et le corps, deux substances totalement opposées, au nom de ce qu'il appelle l'Harmonie universelle préétablie, dans son *Discours de métaphysique*, il s'en remet à Dieu : « Aussi Dieu seul fait la liaison et la communication des substances, et c'est par lui que les phénomènes des uns se rencontrent et s'accordent avec ceux des autres, et par conséquent qu'il y a de la réalité dans nos perceptions. »

Leibniz, immense mathématicien autant que métaphysicien, a travaillé à formaliser les questions clés de sa vision en calcul différentiel et infinitésimal, notamment avec l'algorithme « differentio-intégral ». Ces travaux se sont poursuivis depuis. En calcul vectoriel, la divergence a donné lieu au théorème de flux-divergence, appelé aussi théorème de Green-Ostrogradski. En géométrie, on affirme que *la divergence d'un champ de vecteurs mesure le défaut de conservation du volume sous l'action du flot de ce champ.* Cette loi de la divergence apparaît dans les calculs de flux de champ de vecteurs, pour exprimer des lois de conservation ainsi que pour la formulation locale des lois physiques faisant intervenir un champ suivant une loi en carré inverse. Elle s'exprime alors selon des calculs différentiels. En physique, on l'utilise notamment en mécanique des fluides, dans les équations de Maxwell. Le langage peut en paraître abscons et ce n'est pas mon but ici que de développer davantage l'exposé de ces recherches, mais seulement de rappeler que la complexité des lois de la divergence a été décrite selon diverses hypothèses, selon les différents domaines et selon ses diverses applications, dans de nombreux articles scientifiques et constitue un chapitre fondamental de la physique. Mais dans la diversité de tous ses domaines d'application, la loi de la divergence demeure fondée sur la discontinuité non linéaire ; qui est le contraire de l'adaptation évolutive par petits écarts progressifs.

Nous observons ainsi que la nature est régie par deux lois universelles et opposées, qui semblent d'une égale importance. D'une part, la loi de la répétition et, d'autre part, la loi de la divergence. Toute matière qui s'étend de manière homogène ou continue obéit à la loi de la répétition de structures moléculaires des mêmes éléments premiers. Ainsi en est-il de l'eau, de l'air, du vent, du feu, de la terre, d'un métal. Ainsi en est-il aussi des membres d'une espèce vivante qui se reproduit en répétant la même programmation génétique. Ainsi en est-il, enfin, d'une langue, d'une société et de sa culture. Et à l'opposé, nous observons aussi que la nature se constitue par divergence des éléments premiers (tableau de Mendeleïev), divergence des structures et des formes des agrégats chimiques d'éléments, divergence des organes d'un être vivant, divergence des espèces, des sexes, des individus. L'espèce humaine est un cas spectaculaire de divergence parmi les mammifères et plus particulièrement les primates.

## La loi de la divergence humaine

Dans l'évolution de la vie, la divergence se lit donc paradoxalement comme une loi de la conservation, donc comme une loi de l'ordre, mais aussi, conséquemment comme une loi de la différenciation, donc comme une loi de la discontinuité des équilibres et des stabilisations génétiques, sociaux et culturels. L'un ne va pas sans l'autre. Toute forme, idée, vision nouvelle qui émerge se constitue nécessairement par rupture. Nous observons le même couple de lois universelles qui s'opposent, répétition et divergence, dans le couple matière-énergie, ou dans la nature à la fois corpusculaire et ondulatoire de la lumière. Ce fut la grande erreur de plusieurs philosophes, notamment de Taine, de vouloir user universellement de la loi du mimétisme en négligeant celle de la divergence, mais aussi celle du biologiste Richard Dawkins avec sa fabulation des mèmes qui mèneraient le monde. Nous sommes en présence de la même loi de la conservation de chaque forme instituée, qu'il s'agisse d'un mode d'organisation sociale, d'une théorie scientifique, d'un style littéraire ou artistique en vigueur, qui ont tendance à développer une cohérence interne et une résistance au changement, qui ne pourra être détruite que par une divergence radicale, à laquelle elle s'opposera vigoureusement dans un premier temps, jusqu'à ce que le rapport de force s'inverse et que le nouveau modèle s'impose. Il en fut ainsi de la Révolution française, de la querelle des Anciens et des Modernes, de la bataille du romantisme et de l'impressionnisme contre le néoclassicisme, de l'invention de la relativité, de la chute du mur de Berlin, etc. Il y a la même discontinuité insurmontable entre le fauvisme et le surréalisme, ou entre le capitalisme et le communisme qu'entre les corps de deux êtres humains. Qu'ils décident de s'ignorer, d'échanger des mots ou des fluides, ou de se battre, ils garderont chacun, même dans le corps à corps, leur autonomie irréductible. Ils ne pourront se mélanger que morts, dans une fosse commune. La divergence implique une séparation insurmontable en physique comme dans la vie.

Dans la nature, l'espèce humaine évolue au rythme de ses fabulations, de ses questionnements fondamentaux, de ses idées, de ses projets, de ses nouvelles logiques, de ses innovations technologiques et de ses utopies. Sans cela, Copernic et Galilée n'auraient pas osé affirmer que c'est la Terre qui tourne autour du Soleil et non l'inverse, Christophe Colomb n'aurait pas découvert l'Amérique, Newton n'aurait pas imaginé la loi de la gravitation universelle, nous n'aurions pas inventé les avions, ni les manipulations génétiques. Les hommes qui osent déclarer ces nouvelles visions objectent, risquent, affirment qu'un autre monde est possible, s'exposant au risque d'être dénoncés et marginalisés, tant l'écart qu'ils doivent assumer solitairement est démesuré. La plupart des grandes idées qui ont fait l'histoire ont été d'abord formulées par des individus atypiques, des génies habités par l'intuition d'une nouvelle problématique, d'une autre façon de penser et qui l'ont assumée dans leurs recherches, leur création ou leur action. Ce n'est pas tant du hasard ou de la sérendipité (la découverte fortuite) que naît la divergence, que de la volonté d'un projet alternatif, de rupture. La découverte de l'Amérique par Colomb, de la planète Neptune par Le Verrier, de la pénicilline par Fleming, du four micro-ondes par Percy Spencer ou de l'art abstrait par Kandinsky sont certes liées à des observations inattendues, mais aussi à la pensée en arabesque qui est capable d'établir des liens non linéaires de cause à effet, et à une audace de l'esprit. Dire que Newton découvrit la loi universelle de la gravité par pur hasard, parce qu'il était assis dans son verger et qu'une pomme lui tomba sur la tête, est simpliste. Il est évident qu'il n'aurait pas fait une telle association d'idées s'il n'avait été en plein questionnement. D'ailleurs la divergence origine le plus souvent d'un individu et non d'une collectivité. Du point de vue mental, elle résulte d'une aptitude sélective et rare à l'observation de l'inattendu, d'un écart de pensée par rapport à ce qui est couramment admis, d'un refus de l'évidence, de l'analyse critique d'une métaphore, d'une incongruité à laquelle on prête attention, d'une erreur répandue ou de l'échec d'une hypothèse qu'on analyse avec une extrême concentration de l'esprit, d'un projet transgressif, d'une idée folle, d'un état de tension mentale, de la recherche obsessionnelle d'une réponse à une question théorique non résolue, d'un nœud de complexités qui semblent obscures et que l'on décide de trancher arbitrairement, bref d'une insatisfaction par rapport à ce qui est généralement admis.

Mais la divergence peut tenir tout autant à la volonté de se démarquer des autres que cultive une ambition personnelle. Elle suppose éventuellement le goût ou l'orgueil de s'affirmer, de faire sa marque, de s'engager dans l'action avec la plus grande détermination alternative et d'accepter d'avance le refus des autres, l'accusation de confusionnisme, la solitude, le risque de l'échec social.

La divergence est-elle réversible ? N'est-ce pas une hypothèse incompatible avec la flèche du temps ? Le passage de l'eau en vapeur ou en glace est manifestement réversible, comme beaucoup d'autres phénomènes de la nature. On imagine moins que la dérive des continents le soit. Et il en est de même dans l'évolution humaine. Nous voyons le rationalisme grec ou l'impérialisme romain retomber dans les mains des « barbares » et de la superstition religieuse avant de resurgir lors de la Renaissance italienne. Comme le suggérait Oswald Spengler, les civilisations sont comme des plantes qui naissent, fleurissent, puis se dessèchent et meurent, selon le cycle des saisons (*Le déclin de l'Occident*, 1918). Des espèces vivantes, des empires, des langues, des cultures naissent et meurent. En art, on voit le néoprimitivisme succéder à la fébrilité de l'avant-gardisme dans les années 1980. L'obscurantisme, la dictature, l'intégrisme sont toujours des menaces bien réelles. Les « régrès » qu'évoque Edgar Morin existent dans l'histoire – espérons qu'ils sont moins fréquents que les progrès. La réversibilité n'est pas un critère de la divergence. Il existe des spirales ascendantes, comme on les imagine toujours, mais aussi des spirales descendantes, et des ruptures barbares, dont l'histoire garde le souvenir traumatisant. La divergence n'est certainement pas une loi du progrès ; elle est seulement un mode de changement. C'est à nous d'y imposer des valeurs que nous identifions au progrès.

Il y a des divergences majeures, comme la révolution copernicienne, et des mineures, comme l'invention de la photographie. Beaucoup de divergences ne réussissent pas à s'imposer et se rendorment d'un sommeil profond avant que des circonstances nouvelles leur rendent justice. Ainsi, le premier film en couleur date de 1901. Un photographe de Londres, du nom de Edward Raymond Turner, avait eu l'idée de superposer à son objectif de prise de vue trois filtres de couleur, rouge, vert et bleu, puis de fusionner ces images avec la lentille du projecteur. Il avait même obtenu un brevet pour cette invention dès 1889. (Peut-être se consumait-il d'un excès d'énergie : il est mort d'une crise cardiaque peu après, en 1903, à l'âge de vingt-neuf ans.) Ce n'est que vingt ans plus tard, en 1909 que son associé Charles Urban tenta, sans succès, de commercialiser le procédé sous le nom de Kinemacolor. Pourtant, on s'intéressait déjà à la couleur. Mélies a fait colorier plusieurs de ses films à la main, image par image (*Le Manoir du Diable*, dès 1897). Mais ce n'est qu'en 1935 que fut produit le premier long-métrage en couleur : *Becky Sharp* de Rouben Mamoulian (en technicolor). Et ce n'est que bien après la Seconde Guerre mondiale, à la fin des années 1960, que le cinéma en couleur s'est universellement imposé. On se doit ici de rappeler que ce n'est qu'en 2012 qu'on a retrouvé ce premier film de Turner de 1901 dans les archives oubliées du Musée national des médias de Bradford, en Angleterre, et qu'on a décidé de le restaurer.

Le succès d'une divergence implique un contexte favorable, tel qu'une dysfonction, une saturation ou une crise dans un état donné de la société. Il requiert un engagement social et politique, voire la lutte et la violence, comme dans le cas des révolutions, du féminisme, de la reconnaissance de l'homosexualité ou du transgenre. Car, dans un premier temps, ces divergences rencontrent soit une indifférence totale, soit une solide hostilité. Elles sont généralement condamnées par le bon sens et les autorités. Et rares sont celles qui seront admises, puis s'imposeront aux majorités qui s'y adapteront. On pourrait consacrer des milliers de pages admiratives à leurs auteurs.

Lorsqu'une divergence finit par l'emporter et dominer en imposant sa loi nouvelle, il ne faut donc pas s'étonner qu'elle soit marquante et « fasse l'histoire », *a posteriori*. Le génie de Darwin lui-même en constitue un exemple indéniable, en un temps où le créationnisme divin s'imposait à tous.

Nous sommes des animaux, des animaux très évolués, plus rapidement évolutifs que toutes les autres espèces animales, des animaux qui ont tellement divergé de leurs origines biologiques primitives, qu'ils sont manifestement devenus une espèce très à part parmi les primates. Nous sommes devenus des animaux philosophes, mathématiciens ou poètes, capables de remettre en question l'évidence apparente de la nature, comme si nous constituions une intelligence avancée de ses lois de gestation, un organe créatif capable d'en accélérer la transformation en inventant des scénarios alternatifs. Notre espèce est fascinée par l'artifice, au point où elle semble se séparer audacieusement de la nature. Nous avons tellement divergé que nous croyons même légitime de nous opposer à la nature, au point que nous nous sommes donné une âme, c'est-à-dire une parcelle du dieu auquel nous avons longtemps attribué la création de l'univers. La loi de la divergence est le fondement même de la création – que ce soit celle que la Bible attribue à Dieu, ou le pouvoir de création que nous devrions nous reconnaître à nous-mêmes. Nous sommes l'exemple le plus extrême de la divergence au sein de la nature, au point de croire que nous n'en sommes plus issus, au point de nous en déclarer « maîtres et possesseurs », au point de vouloir la transformer selon nos projets les plus utopiques, antinaturels, voire insensés et périlleux pour notre survie même, bien à l'opposé de la loi de Darwin.

Dès le moment où l'homme est descendu, non pas du ciel, comme on l'a cru si longtemps, mais des arbres comme l'a affirmé Darwin, et a adopté une posture verticale pour se déplacer, à la différence des autres primates, il a réorienté son évolution en développant des capacités cérébrales très supérieures à celles qu'on observe chez les autres animaux. Et cette divergence se traduit par des mutations mentales, psychologiques, sociales qui s'inscrivent biologiquement dans le corps (colonne vertébrale redressée, cerveau conceptuel, habileté manuelle, etc.). Irons-nous jusqu'à parler alors de transformations génétiques? Oui: nos nouveaux pouvoirs technoscientifiques de manipulation le confirment, pour le moment dans l'adaptation à nos besoins de la nature, et sans doute un jour dans la transformation de nos propres aptitudes. Mais à la différence de Darwin, nous ne l'attribuons pas à une nature opportuniste qui élimine les désadaptés et assure la survie de ceux seulement qui ont des écarts génétiques accidentels devenus utiles. Il s'agit de mutations résultant de projets humains, d'imaginations alternatives, de conceptualisations de l'avenir, bref d'une conscience et d'une volonté proactive d'évolution. Nul ne nie aujourd'hui la plasticité du cerveau tout au long de la vie. Et lorsqu'on évalue à quelque cent milliards le nombre de neurones qu'il rassemble, chacun connecté à un millier d'autres, et à quelque cent mille milliards le nombre des contacts synaptiques qui y font circuler l'influx nerveux et donc les informations, il est permis de penser que bien des circuits et des modes de structuration dont nous n'avons pas même la moindre intuition s'y trouvent, qui permettent d'envisager des arabesques alternatives de signaux bioélectriques, donc des stimulations chimiques et hormonales et des pensées nouvelles.

Affirmer que les idées peuvent provoquer des mutations génétiques peut être troublant. Toutes les idées ne sont pas bonnes à dire sans envisager aussi la possibilité de leurs effets pervers. Allons-nous par exemple admettre que le déisme, les superstitions, le racisme, le fascisme, l'injustice, l'exploitation, le sadisme, le crime peuvent créer des mutations génétiques ? Et inversement faudrait-il alors admettre que l'inclination au crime serait due à un gène ? Ainsi simplifiée, l'idée est manifestement inacceptable. Cependant, il est réducteur de parler seulement de génétique, les gènes ne constituant certainement qu'un niveau élémentaire (« squelettique ») de description des déterminants de notre évolution biologique et de nos comportements. Ainsi, lorsque nous admettons la légitimité des variations d'orientation sexuelle, il n'est pas nécessaire d'invoquer des gènes spécifiques, là où des diversités hormonales suffisent à expliquer et légitimer des différences de comportement. Nous nous limiterons donc à affirmer que les idées et l'imaginaire humains (ce sont deux déclinaisons de la même activité cérébrale, l'une plus conceptuelle, l'autre plus imagée) peuvent créer des mutations biologiques de l'espèce, susceptibles de modifier son évolution. Le fait que nous soyons incapables de le démontrer aujourd'hui n'exclut pas que nous y parvenions un jour futur.

## Ontologie de la divergence

La gestation du futur obéit à la même loi universelle du couple opposé répétition-divergence. Tantôt c'est la répétition et la continuité qui l'emportent, tantôt c'est le changement. Et quand le changement devient radical, la divergence émerge. On pourrait dire que c'est l'excès de répétition qui engendre la divergence, tandis que l'excès de divergence ramène l'inertie. Ainsi, toutes les révolutions politiques se terminent par un retour à l'ordre, voire par l'instauration d'une dictature.

Bien sûr, nous savons que la répétition est une loi universelle de la nature. Mais nous ignorons, nous ne voulons pas admettre que la divergence est elle aussi une loi, tout aussi universelle, comme si la plupart d'entre nous avions peur *a priori* du changement. Les psychés individuelle et collective sont conservatrices dans leur équilibre ordinaire. Elles ne deviennent divergentes que lorsque la volonté-monde, ou ce que nous avons appelé l'instinct de création ou l'instinct prométhéen de puissance, l'emportent. La divergence survient aussi lorsque la répétition devient fastidieuse ou tragique. En politique la droite est généralement conservatrice et la gauche, se disant indignée par l'état de la société, appelle au changement. Bien sûr, le centre recherche le changement progressif sans bouleversement dangereux. Mais la répétition induit la perpétuation du présent. Elle ne fonde jamais le futur. Le concept même du futur est un concept vibrant, porteur de la divergence à laquelle il va s'identifier. En ce sens, le futur, c'est la divergence et la divergence, c'est le futur. De toute divergence on peut dire qu'elle est une émergence de l'imprévisible.

Notre époque de bouleversements multiplie les inductions statistiques; les compagnies d'assurances sont devenues les championnes toutes catégories des calculs de risque. Nous construisons des algorithmes prédictifs, déclinons des déductions futuristes. Nous aimons les techno-vaticinations, nous théorisons les catastrophes et les logiques floues, modélisons les chaos, prophétisons les singularités. Notre époque n'en peut plus, dans son immense anxiété, de tenter de prévoir le futur. Elle romance les apocalypses, scénarise les mutations biologiques et les dérives de la matrice. L'être, l'étant, l'existant, le probable, le virtuel entrent en collision avec l'impensable, qui pourrait nous imposer sa loi. Bref, nous revoilà en pleine métaphysique, mais déjantée, raisonnant sa déraison et hypostasiant ses peurs biocosmogoniques en des monstres de jeux vidéo. Nous pensons être happés par des spirales, des vortex, des accélérations plus puissantes que nous. Nous craignons d'être rapidement confrontés en temps réel à ces immenses menaces, où une élite posthumaniste croit plutôt découvrir le mur du futur, aussi mystérieux que les trous noirs des espaces sidéraux, mais dont ils nous annoncent les nouvelles promesses. Nous cherchons fébrilement les joysticks de notre grand combat final dans les singularités de la fabulation théorique.

Dans ces dérives métaphysiques à grand spectacle, dont la peur numérique de l'an 2000 nous a donné l'exemple délirant, il ne faut pas s'étonner de reconnaître de nouvelles déclinaisons de nos peurs collectives et primaires face à la noirceur archaïque de la nuit. Nous sommes plongés dans un nouveau Moyen-Âge, celui que secrètent paradoxalement les audaces de notre soudaine puissance technoscientifique. Et ce sont bien les gourous du numérique qui en agitent les épouvantails. Allons-nous devoir choisir entre l'enfer d'ici-bas et le paradis du numérique, où plusieurs voient un autre enfer, encore pire ? Les prédictions varient selon les chamans.

Il importe de le souligner ici : ces concepts n'ont rien de commun avec la théorie de la divergence. La divergence, bien sûr, ne repose pas sur un algorithme prédictif, puisqu'elle rompt précisément avec toute programmation, toute simulation. On ne saurait introduire le concept de divergence dans les modélisations météorologiques, économiques ou autres : elle s'écarte des modèles établis et n'est pas modélisable. Comme le soulignait le physicien Pierre-Gilles de Gennes :

> Les problèmes d'environnement sont souvent gérés par des spécialistes des simulations, c'est-à-dire des gens dont la compétence est davantage dans l'ordinateur que dans les données scientifiques. À partir d'un gros ordinateur, on produit des prédictions qui paraissent respectables, même si les données sont insuffisantes. Voilà l'une des grandes plaies de notre époque. Le malheur, c'est que beaucoup de gens croient encore que l'ordinateur dit vrai et prédit l'inévitable (le même type de croyance a existé au XIXe siècle à l'égard du texte imprimé). Le simulateur informaticien est crédible puisque sa machine possède une puissance et une rapidité

> de calcul dont aucun cerveau humain ne serait capable. Le pouvoir ronflant des chiffres plus le pouvoir de l'image: de quoi entretenir dans l'opinion une mentalité magique pré-rationnelle (*Les objets fragiles*, 1994).

La divergence n'est pas davantage de l'ordre de la dialectique ou de l'explosion ou du choc. Elle n'a rien non plus à voir avec « l'innovation », ce concept si à la mode dans la littérature entrepreneuriale qui nous en décline les méthodes basées sur la dynamique de groupe, l'intelligence émotionnelle analytique et collective, la liberté créatrice et l'écoute des clients, conçues pour découvrir de nouveaux produits de niche pour de nouveaux comportements humains qui sont autant de nouveaux marchés. C'est l'idéologie de grandes sociétés comme IBM, championne déclarée de la « planète intelligente », Apple, de l'ordinateur Macintosh de 1984 jusqu'aux derniers iPod, iPhone et iPad, ou Google, avec ses lunettes interactives. C'est plutôt l'invention de l'alphabet phonétique jadis, et aujourd'hui la généralisation du code binaire numérique qui ont constitué des divergences aux conséquences majeures

La divergence ne se laisse pas définir, ni méthodologiser, ni prédire. Elle relève plutôt de l'intelligence disruptive. Elle se situe dans un autre ordre de pensée. Elle naît d'un déni, d'un engagement aventureux, qui n'exclut cependant pas les hasards du bricolage et des tâtonnements, mais demeure latéral et d'abord invisible. Son interprétation déterministe ne peut s'énoncer qu'après coup, jamais avant. Elle rend explicite une dysfonction du système établi. L'invention de l'impressionnisme en est un exemple particulièrement séduisant.

Elle ne peut davantage être identifiée à l'improbable, qui suppose encore un jugement et une hésitation par rapport au probable que l'on envisage. C'est assurément dans la « théorie des cygnes noirs » de Nassim Nicholas Taleb (*The Back Swan: The Impact of the Highly Improbable*, 2007) – que nous retrouvons le plus de points communs avec ce que nous appelons la divergence, si nous interprétons en effet l'apparition de ces cygnes noirs comme des surprises totales, qui sont d'ailleurs le plus souvent mal comprises au début, mais qui vont avoir un impact majeur. Ce qui nous distingue radicalement de Taleb, c'est que là où il constate l'importance de ces surprises qu'il redoute, – notamment les chocs financiers et les prévisions mathématiques erronées, mais aussi la Seconde Guerre mondiale ou le 11 septembre –, nous voyons quant à nous l'illustration d'une loi fondamentale et créatrice de l'évolution.

## Une loi paradoxale

Ces distinctions établies, il nous faut admettre que l'idée d'une loi de la divergence est en soi paradoxale. Car toute affirmation d'une loi est inévitablement linéaire, inductive ou déductive, alors qu'une divergence est le surgissement d'une bifurcation imprévisible.

Un autre paradoxe apparaît dans le fait que nous pensons aujourd'hui l'univers, la nature, les sociétés et nous-mêmes comme des configurations de liens, des hypertextes, alors que la divergence implique précisément une rupture de ces liens et des rationalités qu'ils instituent. Elle est une rupture des lois instituées. Elle est une discontinuité dans la série des configurations de liens, qui se sont consolidées et que l'on appelle conséquemment des vérités, des évidences, des explications communément admises et partagées. Après rupture des liens anciens, c'est une nouvelle configuration de liens, une nouvelle rationalité que la divergence fera surgir. Telle est la dynamique de notre évolution.

La loi de la convergence rejoint en ce sens la théorie des catastrophes du mathématicien René Thom, une théorie dynamique des bifurcations, singularités ou variations soudaines. René Thom, en établissant une typologie, ne retient que sept formes de « catastrophes » en prenant en compte le nombre de paramètres d'entrée et le potentiel d'un système. Ainsi distingue-t-il, dans la diversité des variations de formes possibles, le pli, la queue-d'aronde, la vague, le poil, le papillon, le champignon, etc. Et au-delà de six paramètres, le nombre des modèles de catastrophes devient infini. La tentative apparut passionnante, du fait de sa nouveauté dans les années 1970, mais elle est évidemment restreinte, comme toute tentative visant à établir des lois dans le chaos.

On peut faire l'hypothèse que les complexités qui échappent à nos capacités d'analyse ne sont pas pour autant indéterminées, par exemple les rapports entre l'océan et l'atmosphère, ou entre trois corps, la Terre, la Lune et le Soleil. Le principe d'Heisenberg porte sur l'incertitude et non sur l'indétermination. Mais la théorie du chaos n'est qu'en apparence paradoxale, car elle ne prétend étudier que les systèmes dynamiques macroscopiques, rigoureusement déterminés et donc capables de récurrences, même si celles-ci demeurent non prédictibles, au point où elle est formalisable par des équations différentielles et vise à déchiffrer un ordre caché fondamental derrière les instabilités et désordres apparents qui permette de faire des calculs probabilistes. Elle nie donc la réalité du chaos au profit de « systèmes dynamiques différentiels conservatifs ». La loi de la divergence, par sa définition conceptuelle même, ne peut se formaliser, ni se classer selon de tels modèles.

La loi de la divergence postule fondamentalement deux principes, sans lesquels la dynamique de la création passée et à venir est impensable : le hasard et la flèche du temps.

Refuser le hasard, certes ingérable dans les sciences exactes, et refuser l'effet de l'irréversibilité du temps, c'est finalement demeurer fixiste. La loi de la divergence postule un troisième principe fondamental, celui de la dynamique permanente entre chaos et cosmos. Le débat entre les deux reste ouvert. On leur attribue une puissance mythique, et habituellement une chronologie, le second venant à bout du premier. Aujourd'hui, notre idéologie postmoderne fataliste est prête à renverser cette chronologie. Mais on peut aussi bien faire l'hypothèse que les deux existent simultanément, dans la structure même de la matière/énergie, qui oscille entre l'inertie et le mouvement. Sans nous plonger dans les délices de la métaphysique, nous admettrons que la loi de la divergence est une loi paradoxale et nous pouvons postuler que telle est la dynamique même de l'univers, de la vie et de la pensée.

## Mythanalyse de la divergence

La répétition : voilà ce que refuse et brise la divergence. Elle casse le refrain de la causalité. Elle papillonne dans l'arabesque. Elle regarde de tous côtés, dans l'apesanteur. Elle s'aventure dans l'incertain. Et elle risque l'affirmation transgressive. Pourquoi ce besoin fondamental d'échapper à la permanence, à la stabilité, à la sécurité physique et mentale et d'opter pour la divergence, son incertitude, ses risques physiques et mentaux. Qu'en espère-t-on ? Faut-il qu'il y ait une si forte frustration au cœur même de notre condition humaine ? La divergence est emblématique de notre instinct de puissance sur le monde. Présente au sein même des mécanismes d'évolution de la nature, elle est devenue le moteur, le symbole de notre évolution humaine.

C'est la divergence qui creuse l'écart entre l'animal humain et les autres. L'homme diverge parce qu'il n'est jamais satisfait. Il veut du nouveau, plus de puissance. Tel est son troisième instinct. Freud n'aurait pas dû se limiter à Éros et Thanatos. Prométhée compte autant qu'Éros et plus que Thanatos. La divergence est résistance au pouvoir et à l'institué. Elle est délinquante. Elle est suraffirmation de liberté. Elle est la création, et elle en assume le vertige fondateur. Elle brise le monument et en lance les éclats dans un geste créatif.

Si l'on en cherche l'origine, on peut supposer que c'est dans le carré parental, lorsque le nouveau-né s'agite en tous sens comme une tortue sur le dos, lorsqu'il crie et rage d'impuissance, parfois pendant de longs moments, qu'il ressent ce besoin biologique de rébellion ou d'échappatoire. Fils ou fille, il s'inscrit en faux contre son sort et contre ceux dont il dépend et qui ne peuvent pas ou ne tentent pas de satisfaire à son besoin d'accéder à un autre monde. On pourrait, si cette hypothèse est juste, attribuer cet instinct de divergence, qui deviendra éventuellement instinct de création à la révolte de la fille ou du fils contre père ou mère ou contre les deux réunis. L'expression en est forte dans plusieurs mythologies, notamment grecque et biblique. On constate même que ce sont des divergences radicales qui sont évoquées pour expliquer l'origine du monde. Ainsi, c'est en tuant son père, le titan monstrueux Cronos, que Zeus imposa son pouvoir olympien. C'est en trompant Zeus pour lui voler le feu que Prométhée put donner aux hommes un peu de la puissance et du savoir divins. C'est en ignorant les avertissements de Zeus que Pandore ouvrit la fameuse boîte de la conscience et de tous les maux qui viennent avec. Et c'est en désobéissant à Dieu qu'Ève offrit la pomme de la connaissance à Adam et la partagea avec lui, au prix des grandes souffrances à venir. Prométhée fut cruellement puni par Zeus courroucé et Adam et Ève furent chassés du Paradis terrestre par un Dieu non moins courroucé.

Ce que nous disent ces mythes, c'est donc aussi que la divergence appelle la punition par les pères incarnant l'autorité et qu'elle ne s'accomplit que dans la douleur. Il nous faut aujourd'hui réécrire ces mythes doloristes et réinterpréter positivement les figures non seulement de Prométhée, mais aussi d'Ève et de Pandore, auxquelles nous devons la conscience et la liberté, en soulignant que la connaissance de notre sort n'implique pas nécessairement la fatalité tragique. À nous d'en transcender la négativité pour affirmer notre pouvoir humain de création et de progrès. Il nous faut aujourd'hui réécrire nos vieux mythes ou en inventer de nouveaux, porteurs d'espoir. Et ne pas oublier que Pandore, précisément, avait pris soin de refermer la boîte avant que s'en échappe aussi l'espérance, qui demeure notre plus précieux bien. Elle titille Sisyphe, elle le bouscule lorsqu'il remet sa charge sur ses épaules, pour qu'il essaie un autre chemin d'escalade que les matins précédents.

Comme on peut le constater, ce sont des fils, Zeus et Prométhée, qui se sont révoltés contre le père, mais aussi des filles, Ève et Pandore, qui incarnent toutes deux le même rôle, l'une dans le mythe biblique, l'autre dans le mythe grec, en faisant accéder la race des hommes à la conscience. Zeus ayant pleinement revêtu l'habit de son nouveau rôle patriarcal en se substituant à Cronos, il est permis de dire que ce sont le titan Prométhée et les deux premières femmes de la race humaine qui incarnent le mythe de la divergence dès l'origine du monde. Tous trois ont changé la fatalité et ouvert la voie de notre évolution.

Le mythe de la divergence se décline diversement dans l'histoire humaine, dans des moments d'extrême intensité sociale, comme la Révolution française (le roi paternel est guillotiné), ou au gré des innovations en science, en philosophie, en art. Mais on attend encore que la psychanalyse freudienne, profondément machiste, consacre un nouveau chapitre de sa théorie à la révolte de la fille, alors que la mythanalyse impose immédiatement une nouvelle vision des rôles en explorant et soulignant l'importance première des mythes de la divergence. Et face au misérabilisme freudien, il est permis de choisir une mythanalyse joyeuse.

## La genèse des grandes divergences historiques

La divergence est le plus souvent une décision individuelle. Mais elle peut aussi s'orchestrer collectivement. La volonté-monde est puissante. Lorsqu'on oppose la flèche du temps au présentisme postmoderne, il ne faut pas imaginer la trajectoire linéaire d'une flèche perpétuelle qui symboliserait le parcours de notre évolution. Car cette flèche retombe souvent, voire se brise, comme dans la postmodernité de notre époque actuelle. Notre évolution est faite de chemins barrés, de culs-de-sac et de reculades, de virages serrés, de changements de cap qu'aucun panneau n'annonçait, de chemins de traverse qui se révèlent être la voie principale. Ainsi en fut-il de l'invention du confucianisme, du rationalisme grec, du christianisme, de l'islam, du bouddhisme, du marxisme, de la psychanalyse, et tout autant de la révolution copernicienne ou de la découverte de la théorie de la relativité, ou encore du fauvisme ou de l'art abstrait. Pour autant, les grandes ruptures collectives que fit surgir la volonté-monde, telles que la Révolution française ou la chute du mur de Berlin, ne sont pas imposées à nous *ex nihilo*. Ces divergences de l'histoire sont toujours prévisibles et explicables, mais seulement après coup. Lorsque nous cherchons à comprendre pourquoi elles nous ont pris par surprise, même si les hommes qui les ont assumées et dirigées avaient conscience avant les masses de leur pouvoir transformateur et ont pressé leur cours, les historiens identifient *a posteriori* en détail les enchaînements qui y ont conduit.

Ainsi, l'invention de la peinture abstraite est due principalement à des peintres russes, Vassily Kandinsky et Kasimir Malevitch. Ils y sont parvenus de façon très différente. Kandinsky, voyant un de ses tableaux posé de côté contre un mur en découvre la beauté non figurative et a l'idée de peindre en 1910 une aquarelle sans titre qui est considérée comme la première œuvre abstraite. Malevitch recherchait une extrême simplification avec le suprématisme quand il a peint en 1915 son fameux *Carré noir sur fond blanc*. Leurs démarches sont individuelles et spécifiques. Mais lorsqu'on en écrit l'histoire, on ne peut manquer de retenir tous les mouvements picturaux qui ont préparé le terrain pour cette divergence, notamment la peinture fauviste et l'expressionnisme allemand qui libérèrent la couleur pure, le géométrisme du cubisme et le rayonnisme de Natalia Gontcharova, ni oublier de mentionner le développement de la photographie, qui prend la relève d'une partie de la figuration picturale. La divergence de l'art abstrait était, sans qu'on le sache, dans l'air du temps. Elle a été captée et orchestrée par deux génies marquants.

Ce type d'explication de la genèse d'une divergence vaut dans la plupart des domaines, et notamment en histoire. Certes, dans le cas du mur de Berlin, on pourrait parler d'un retour à la normale après une période d'exception, plutôt que d'une divergence. Mais pour que le Mur tombe, il ne suffisait pas que des Berlinois des deux bords décident de l'attaquer à la pioche. Cela n'aurait été qu'un incident plus ou moins grave. Seuls les Allemands de l'Est pouvaient d'ailleurs réussir à le faire tomber. Et cela ne pouvait pas venir d'une seule personne. Il a fallu le nouveau contexte de déstabilisation de la perestroïka décidée par Gorbatchev, qui a permis que les soldats de la RDA ne tirent pas à la mitrailleuse sur les petits groupes qui s'avançaient vers le mur. Les scénarios de la divergence collective sont bien imprévisibles : en Tunisie, c'est l'immolation par le feu d'une seule personne, un jeune vendeur de rue, qui a suffi pour que le Printemps du jasmin explose et se répande dans d'autres pays arabes. Mais dans tous les cas, ces divergences collectives sont des ruptures violentes, à l'opposé de l'adaptation par petits écarts successifs qu'a repérée Darwin.

Les divergences du futur résultent d'évidences du temps présent que nous n'avions pas vues. Elles précipitent les effets explosifs de la combinaison entre des faits et des idées que nous n'avions pas voulu rapprocher, ou dont nous n'étions pas capables de prendre conscience. Ou elles sont l'aboutissement de logiques plus larges que nous n'avions pas saisies et que les pouvoirs en place ne pouvaient concevoir.

# 2

# LES FAUSSES DIVERGENCES

## Les faux prophètes de l'obsolescence humaine

Bien des gourous médiatisés d'aujourd'hui nous ont annoncé la fin de l'Homme, avec un étonnant optimisme en faveur du numérique qui contraste avec le pessimisme de nombre de philosophes qui les ont précédés, souvent néo-luddites et pourfendeurs déclarés des technologies, tels que Theodore Roszak, Jacques Ellul et Hans Jonas. L'Allemand Gunther Anders, analyste des médias très critique de la révolution technologique (et qui fut l'époux d'Hannah Arendt), s'inquiétait dans le livre du même titre de « l'obsolescence de l'Homme » qui pourrait résulter d'une prise de pouvoir fatale des technologies (*Die Antiquiertheit des Menschen*, 1956, traduit en 2002). Sans référence aux grandes philosophies critiques de la technique, ces nouveaux prophètes nous annoncent le posthumanisme ou le transhumanisme, le triomphe de l'intelligence artificielle, des machines intelligentes, « spirituelles », comme les nomme Ray Kurzweil, qui constitueront l'aboutissement de notre évolution dans la première moitié du XXIe siècle.

Ce serait enfin la grande divergence anthropologique, celle qui laisserait au bord de la route la nature et l'homme de chair et d'os, avec tous leurs défauts, toute leur irrationalité destructrice, pour faire place à l'intelligence sans faille et à la rationalité des ordinateurs enfin maîtres du monde. On déclare la fin du règne du carbone et l'avènement de celui du silicium. J'ai déjà exposé ces ingénuités antihumanistes des Ray Kurzweil, Peter Sloterdijk, Marvin Minsky, Gregory Stock et Max More, et celles de l'artiste australien Stelarc – eh oui ! ils sont nombreux et connus – pour ne pas avoir à y revenir. Avec eux, nous voilà en plein dans le célèbre *2001, l'Odyssée de l'espace*, le film culte de Stanley Kubrick et Arthur C. Clarke où l'ordinateur de bord HAL décide de tuer les humains qu'il estime dangereux.

Ces prophètes de malheur, ces nouveaux barbares étrangement célébrés par les médias, qui nous annoncent l'épanouissement final de l'Homme dans un monde de silicium, ne feront pas long feu. Des experts en informatique comme Bill Joy, cofondateur de Sun Microsystems, des écrivains comme Michel Houellebecq, remettent heureusement les pendules à l'heure et s'interrogent sur notre résignation apparente à cette nouvelle aliénation. Francis Fukuyama, dont le livre *La fin de l'histoire et le dernier homme* (1994) lui a valu la célébrité, écrivait qu'un jour « nous en aurons définitivement terminé avec l'histoire humaine, parce que nous aurons aboli les êtres humains en tant que tels. Alors commencera une nouvelle histoire, au-delà de l'humain ». Mais il est revenu sur cette vision catastrophiste de l'avenir en se posant quelques questions d'éthique qu'il avait d'abord négligé de considérer. Ce futur serait une divergence tragique, et il faut avoir l'esprit tordu pour s'en faire le prophète et encore plus pour s'en réjouir. Ce genre d'errance est celui de l'esprit qui s'adonne avec simplisme à la pensée linéaire et à la calculette, alors que la divergence réelle surgit toujours de la pensée en arabesque, infiniment plus complexe, créatrice et riche d'humanité.

## Aveuglements

Je donnerai ici un exemple très actuel de cet aveuglement. Nous rendons des hommages hautement mérités à Marshall McLuhan. J'ai moi-même été parmi les premiers à enseigner ses théories à la Sorbonne au début des années 1970. Il a été un remarquable philosophe de la technologie et des communications, notamment des implications sociologiques de l'oralité, de l'imprimerie et des médias électriques. Mais il est nécessaire de situer McLuhan dans son époque et de ne pas lui attribuer le mérite de ce qu'il ne pouvait connaître. Car nous lui octroyons aussi un rôle de pionnier et de visionnaire du numérique et c'est là une affirmation très discutable. Curieusement, encore aujourd'hui, nous méconnaissons autant que lui le changement radical de paradigme que constitue le passage de l'âge de l'énergie à l'âge de l'information. C'est un sujet de réflexion qu'il nous faut approfondir, tant il a suscité de malentendus et de contresens.

Il faut réanalyser les origines de la révolution numérique. Son effet de surprise est dû à la puissance technologique du code binaire, mais sa genèse a été longue et date de l'invention des premiers alphabets phonétiques qui ont rompu avec l'écriture pictographique, longtemps avant l'ère chrétienne. Bien entendu, c'est aujourd'hui seulement que nous sommes capables de le comprendre, et à condition de nous opposer aux théories célèbres de l'auteur de *La Galaxie Gutenberg* (1962), qui nous a fait découvrir l'importance des communications électriques, mais nous induit en erreur encore aujourd'hui dans nos tentatives de comprendre le numérique. Nous avons admiré chez McLuhan l'intelligence provocatrice d'un analyste pionnier des nouveaux médias – le téléphone, la radio, la télévision et en général l'audio-visuel –, et donc des débuts de la société de l'information. Il a eu cette intuition géniale que les médias ne sont pas seulement des ponts entre nous et la nature, mais un nouvel écosystème. Et beaucoup, dont je suis, s'accordent à penser qu'il a été le premier à comprendre l'importance déterminante des technologies. Mais son vocabulaire le retient dans les limites historiques de son temps. Certes, dans le dernier chapitre de *Pour comprendre les médias* (1964), McLuhan essaie d'analyser la cybernétique comme une des applications majeures de l'électricité. Mais la grande rupture de la civilisation occidentale n'a pas été, comme il l'affirme, celle de l'électricité, qui clôt seulement l'âge du feu, mais bien celle de la cybernétique qui initie un nouvel âge de l'humanité, l'âge du numérique. Ce qui attire d'abord l'attention, c'est l'opposition thermique surprenante que McLuhan établit entre les médias qu'il qualifie de *chauds* ou de *froids*. L'analogie paraît vite arbitraire. Son analyse des effets de l'invention de l'imprimerie est pénétrante, mais ses propres propositions typographiques de mots-images, de mots-objets dans *Counterblast* (1969), évoquent plus l'odeur du plomb fondu gutenbergien que le code binaire de l'information numérique. De même, le bombardement dramatisé des téléspectateurs par des électrons à travers l'écran fait image, mais demeure peu convaincant du fait de sa banalité physique réelle. Et on lui doit cette affimation que « le médium est le message », message qu'il considère même comme un *massage*. On ne peut manquer d'être surpris par le caractère très physique, mécanique et thermique, lui aussi, de cette idée de massage.

En un temps où notre tradition humaniste nous empêchait d'admettre l'impact de la technologie sur nos structures cognitives aussi bien que sociales, l'idée était certes nouvelle. Et elle demeure actuelle. Nous voyons bien que le téléphone portable et l'internet deviennent des outils de socialisation extrêmement puissants, alors même que les contenus qu'ils transmettent sont souvent insignifiants en soi.

La formule de McLuhan était aussi simple que géniale. Mais il est grand temps de revaloriser le contenu, si l'on veut résister précisément à ce massage aliénant des mass media. Il faut continuer à préserver les industries du livre, des journaux et des magazines, qui diffusent une pensée moins superficielle, moins simplificatrice et plus analytique que ces média-massages. McLuhan a eu trop raison, il s'est enthousiasmé pour ce qui est devenu une faiblesse de l'époque actuelle. Aujourd'hui moins que jamais, nous ne pouvons faire l'économie des contenus et de la pensée critique tant les dangers de la massification sont grands. Le numérique, même s'il est de fait électrique sur le plan de la technique et joue encore un évident rôle de massage social dans notre *société de l'information*, n'est pas une affaire d'énergie. D'ailleurs, l'énergie détruit l'information. L'imaginaire théorique de McLuhan appartient à l'âge du feu et de l'industrie mécanique et électrique.

On voit que c'est aussi dans les métaphores et le lexique que l'on peut repérer les mythes qui soutiennent un grand récit théorique, et pas seulement dans les fascinantes figures des fabulations conceptuelles. S'il était encore des nôtres, Marshall McLuhan serait sans doute le premier à souligner, comme il l'a fait souvent, que nous continuons à interpréter à tort le monde d'aujourd'hui avec les concepts et les contenus d'hier. Lui-même n'a pas pu éviter complètement cet écueil.

## Fausses divergences

Mais, outre ce genre d'aveuglement, on tire à propos de certains bouleversements des conclusions aussi fausses que les prétendues divergences qui les fonderaient. Ainsi, McLuhan a cru pouvoir affirmer que les médias électriques nous ramèneraient à une multisensorialité comparable à celle de l'oralité d'avant l'invention de l'imprimerie. Le règne de Gutenberg, celui de l'imprimé, auquel l'Occident doit tant, n'aurait donc duré que quelques siècles. Il n'aurait été qu'une parenthèse dans notre évolution. Il est vrai que nous remettons aujourd'hui en question le journal et le livre papier, pour les proposer en ligne, sur des liseuses ou des tablettes électroniques. Et les industries de pâte à papier sont en recul. Nous nous acheminerions donc vers une civilisation « papier zéro ». Il faudrait alors se demander si ces grandes idées de la modernité occidentale, notamment l'individualisme, l'esprit critique, le rationalisme, dont McLuhan attribue le développement à l'imprimé, ne seraient pas aujourd'hui menacées par le triomphe du numérique, avec sa nouvelle culture basée sur le temporel plutôt que le spatial, le multimédia plutôt que le visuel, et sa sensibilité événementielle, émotive, ludique, de consommation accélérée, à l'opposé de l'effort et de sa durée. Les sociétés de masse de l'âge du numérique ne deviendraient-elles pas alors beaucoup plus manipulables et sujettes à un nouvel obscurantisme ? Ce n'est pas exclu. Pour en juger, il faut d'abord relever plusieurs erreurs communément répandues, attribuées à des ruptures qui n'existent pas.

En annonçant la fin de la « galaxie Gutenberg » au nom de l'électricité, McLuhan s'est lui-même mystifié. La révolution numérique, bien au contraire en a assuré le triomphe. Et aujourd'hui, en pensant la révolution numérique avec les concepts de la théorie mcluhanienne, on se trompe d'époque, tombant dans une double ingénuité : celle de McLuhan et la nôtre. Nous avons tous pris le numérique pour une nouvelle application de l'électricité, alors qu'il repose sur le code binaire. L'homme lettré cède la place à l'homme numérique, l'alphabet même va-t-il céder à la pression incessante et aux flux omniprésents de l'image, qui vaut désormais plus de mille mots ? Il ne faut pas se tromper de révolution : c'est le passage de l'alphabet analogique à l'alphabet phonétique qui a été la rupture initiatrice de l'évolution contemporaine vers le code binaire.

On peut relever au moins cinq erreurs d'origine mcluhanienne qui se sont renforcées entre elles et nous aveuglent encore.

*Première erreur*: contrairement à ce qu'on affirme en cette période dite de nouvelle oralité, force est de constater que nous n'avons jamais tant écrit ni tant lu. Nous passons quotidiennement des heures à naviguer sur les sites internet, à écrire et à lire des courriels, à envoyer des textos, à clavarder, à lire les bandes textuelles des journaux télévisuels, à composer et envoyer des C.V., à nourrir et parcourir les plateformes des médias sociaux, etc. On crée des sites qu'il faut animer constamment, on rédige parfois quotidiennement, un, voire plusieurs blogues. On écrit plus sur écran qu'on n'a jamais écrit sur papier. On envoyait, il y a quinze ans une lettre de temps en temps. Aujourd'hui, on écrit des courriels et des messages tous les jours à profusion. Même les jeunes sont devenus hyperactifs, apprenant par nécessité à maîtriser un minimum d'orthographe, et des codes savants d'écriture abrégée. Nous avions quelques machines à écrire. Maintenant, on estime à plusieurs milliards le nombre de claviers d'ordinateurs actifs sur la planète, sans compter ceux des innombrables téléphones, tablettes, liseuses et autres équipements et gadgets.

Le volume de transmission des messages vocaux sur les réseaux téléphoniques est devenu marginal par rapport aux échanges de données écrites. La commande vocale demeure rare. Et le clavier d'ordinateur n'est en fait qu'une machine à écrire électronique qui remplace avantageusement les vieux casiers de caractères de plomb interchangeables de Gutenberg et en automatise la manipulation. Certes, je peux désormais diffuser aussi des sons et des mouvements et les mêler aux textes et aux images. Il ne s'agit là cependant aucunement d'une oralité du larynx ni d'une gestualité du corps, comme on semble le prétendre implicitement, mais plutôt d'une extension remarquable de l'écriture. L'internet est devenu une véritable imprimerie pour la musique, le cinéma et la télévision. Le fait que je puisse maintenant télécharger des milliers de films et d'œuvres musicales est une véritable apothéose de la reproduction et de la diffusion dont

Gutenberg a initié l'âge d'or. En outre, pour les œuvres tombées dans le domaine public, ce téléchargement devient gratuit, immédiat et souvent d'excellente qualité, donc d'autant plus fréquent. Ainsi, des milliers de films, dont beaucoup de longs-métrages célèbres, deviennent disponibles chez soi gratuitement. Il en est de même pour la télévision. Mieux encore, nous avons inventé l'imprimerie 3D, qui permettra de concevoir, de diffuser et de reproduire à distance, en trois dimensions, et avec une extrême précision n'importe quel objet manufacturable ou structure organique du corps humain.

*Deuxième erreur*. Le Web 2.0, le clavardage, les forums et les échanges sur les réseaux sociaux nous ramèneraient à l'interactivité sociale et aux rituels collectifs de l'ancienne oralité, alors que le livre avait favorisé l'individualisme. Ne sous-estimons pas l'impact du multimédia. Mais ses vertus multisensorielles écraniques ne sont pas aussi grandes qu'on l'a prétendu. On peut suggérer plus avec moins – c'est l'art de la litote. Or la profusion d'images et de sons coupe souvent l'élan de l'imaginaire. Les vertus de l'interactivité sont indéniables quant aux biens échangeables, mais plus contestables dans le domaine de la création culturelle. L'interactivité n'est qu'une pâle imitation de l'interaction imaginaire, mentale et physique.

Rappelons que ce réseautage s'opère en ligne, c'est-à-dire à distance et le plus souvent dans l'anonymat. On ne saurait nier le succès des jeux multi-usagers, du karaoké en ligne au ping-pong et autres sports vidéo que proposent les consoles Wii ou Kinect. Mais ces rituels électroniques demeurent très limités, sans commune mesure avec la gestualité de proximité et l'interactivité visuelle, olfactive et tactile des fêtes tribales. Le vaudou en ligne n'est pas pour demain.

*Troisième erreur*. On oublie que ce bouleversement a commencé il y a six mille ans avec l'invention de l'alphabet phonétique qui a succédé à l'écriture idéographique. Il faut rappeler ici que le génie de Gutenberg ne fut pas d'inventer l'imprimerie, qui existait déjà et dont le premier exemple connu est chinois, *The Diamond Sutra*, un livre conservé à la bibliothèque du British Museum et qui date du IXe siècle. L'invention de Gutenberg est celle du caractère mobile d'imprimerie, qui en a accéléré la puissance. Et contrairement à ce qu'on dit, le code binaire des technologies numériques ne constitue pas une rupture par rapport à l'alphabet phonétique. L'alphabet phonétique, qu'il compte 26 ou 30 lettres selon les langues, rompait déjà avec le caractère analogique de l'écriture idéographique. Il s'est imposé comme un code abstrait et instrumental. Le numérique en est la simplification. Dans la transmission numérique comme dans l'affichage, qu'il s'agisse de textes, d'images, de mouvement ou de sons, les octets et les pixels sont autant de caractères mobiles réduits à une plus simple expression, plus polyvalente que les caractères du code alphabétique ou du code musical. Cette réduction à deux signes, 1 ou 0, a permis de donner au code binaire la puissance et la rapidité de l'électricité et d'établir la convergence des médias. Il est l'aboutissement ou l'accomplissement de l'invention des caractères mobiles de Gutenberg.

*Quatrième erreur.* Pour en finir avec Gutenberg, on invoque aussi le succès commercial des liseuses et des tablettes électroniques. Mais ce succès, qui a tardé, demeure très limité, quoi qu'en disent les prosélytes commerciaux et le matraquage médiatique : moins de 7 % de l'édition aux États-Unis, et moins de 2 % en France, et un chiffre d'affaires marginal au Québec. Et les ventes de liseuses plafonnent, tandis que les tablettes servent à tout sauf à la lecture des livres. Et encore, les liseuses ne gagnent du terrain que dans la mesure où elles imitent de mieux en mieux le bon vieux livre papier et son ergonomie : la matité du papier et de l'encre, le format de poche, une sonorisation qui nous fait entendre le bruit des pages que l'on croit encore tourner, la légèreté, la manipulation conviviale, voire l'odeur de l'encre d'imprimerie en sachet diffuseur, etc. Les Japonais ont même commercialisé une liseuse imitant l'interactivité manuelle et le libre mouvement des pages lorsqu'on la penche dans un sens ou dans un autre. C'est paradoxalement le livre imprimé qui demeure le modèle incontournable du succès de ces imitations électroniques.

*Cinquième erreur*. On nous dit que le livre disparaîtrait. Les maisons d'édition et les entreprises de presse seraient d'ailleurs en crise. Nous numérisons tant les livres qu'ils semblent être aspirés dans les écrans de nos ordinateurs. Les bibliothèques, une fois leurs livres scannés, se trouvent-elles dévalorisées, comme des entrepôts de masters originaux, qui deviendront peut-être des lieux déserts ? Alors, est-ce pour de bon la fin du livre papier et des bibliothèques ? Avons-nous construit, ces dernières années, nos coûteuses « Grandes bibliothèques » à contre-courant de l'évolution des merveilles du numérique et des besoins des nouvelles générations ? Le livre va-t-il devenir un simple artefact de musée, ou une décoration, comme cette colonne de volumes dressée dans l'entrée de la vieille bibliothèque de Prague, que les groupes d'écoliers photographient avec leur téléphone cellulaire, comme s'ils regardaient un zèbre dans un zoo ?

Les bibliothèques virtuelles sont en plein essor. Mais elles demeurent des bibliothèques qui prêtent des livres. Elles donnent même accès à ces livres qui ne sont pas disponibles parce qu'anciens, rares, épuisés, etc. Nous ne pouvons plus nous passer des réseaux numériques de la société de l'information dans laquelle nous sommes immergés. C'est en milliards de pages que l'on compte les sites Web. Nous nageons, nous surfons, nous plongeons dans un océan de lettres. Paradoxalement, et contrairement à la prophétie de McLuhan, nous connaissons une deuxième phase du développement de l'alphabétisme, plus extensive encore que la première, et cette fois presque immersive.

On nous annonce triomphalement qu'en 2012 il s'est vendu dans le monde autant de livres numériques que de livres reliés. On voudrait y voir l'annonce d'une mutation et de la fin du livre. Il faut plutôt se réjouir de cette augmentation impressionnante de l'industrie du livre. Qu'un tiers des livres qui sont mis sur le marché aujourd'hui soient numériques, toutes catégories confondues, est une bonne nouvelle, car nous ne parlons pas tant de substitution de supports de publication que d'une augmentation d'un tiers de la production globale de livres. Que ces livres soient sur écran plutôt que sur papier ne change pas le fait que ce sont des livres. En fait, le numérique n'est pas le contraire du papier, ni davantage son ennemi mortel. Aussi paradoxale que puisse paraître cette affirmation pour les « cyberintégristes », le numérique n'est dans ce domaine que le complément du papier. On s'efforce d'ailleurs aujourd'hui d'inventer le « papier électronique ». Qu'on puisse y ajouter du son et du mouvement constitue un enrichissement du texte, et ne signe pas sa disparition. Le fait qu'Amazon et d'autres grandes compagnies tirent profit de l'électronique pour vendre des livres sur papier *ou* sur écran constitue un grand progrès technologique de l'imprimerie et une chance pour le livre. L'internet offre aussi une nouvelle puissance de promotion, de diffusion et de vente du livre papier ! Il y a là une magnifique complémentarité.

On a même pu dire que l'internet est « l'imprimerie du XXI^e^ siècle ». Sans doute, mais il ne faut pas généraliser, car le livre papier qui sort d'une presse est loin de faiblir. Il demeure dominant, de loin, et c'est plutôt le livre numérique qui ne tient pas ses promesses mirifiques. Les dernières études montrent qu'il s'essouffle un peu, quoi qu'affirment ses hérauts : seulement 16 % des Américains avaient déjà acheté en 2012 un livre numérique, tandis que 89 % des lecteurs réguliers achetaient toujours des livres papier (*Bowker Market Research*). On peut prévoir que le livre numérique ne se substituera pas au livre papier, mais offrira un support supplémentaire et différent pour des activités où il se spécialisera : livres techniques et professionnels exigeant une actualisation constante, livres épuisés introuvables, livres-jeux et multimédia.

Quoi qu'il en soit, nous ne sommes pas confrontés à une « parenthèse Gutenberg » qui se refermerait, mais au contraire, grâce au numérique, au triomphe de l'imprimerie électronique à caractères mobiles. Nous avons même développé une grande crainte par rapport à la conservation de ce nouveau continent des lettres de l'alphabet. Car la dangereuse contrepartie de cette deuxième révolution lettriste, c'est la fragilité de ce patrimoine électronique. L'oralité de jadis cultivait au moins la mémoire et nous lui devons l'extraordinaire conservation de textes qui datent de plusieurs milliers d'années. Je n'en dirais pas autant de ceux que nous confions aujourd'hui à la seule mémoire des disques durs, beaucoup plus délicats que les plaques de terre cuite de jadis.

Pour autant, il n'y a pas lieu de craindre, faute d'écriture et de lecture, un retour à l'obscurantisme. Le numérique nous permet tout au contraire d'espérer de nouveaux progrès humains. Vive e-Gutenberg ! Nous sommes devenus les nouveaux lettrés du numérique.

## La migration annoncée des bibliothèques publiques sur le Web

Le Web et les ordinateurs vont-ils accaparer de plus en plus la fonction d'accès et de service au public qui était le mandat sacro-saint des bibliothèques ? Les congrès mondiaux des bibliothèques publiques abordent régulièrement la question (et s'en alarment). Le grand enjeu actuel pour les bibliothécaires est évidemment le défi des technologies numériques. Le baiser du numérique sera-t-il fatal aux bibliothèques publiques, ou sera-t-il le signal d'une séduisante idylle entre le Web et les robots-bibliothécaires ? Allons-nous devenir les « *librairiens* » d'une nouvelle planète ? Au Salon du livre de Francfort de 2007, l'éditeur allemand de l'encyclopédie *Brockhaus* investissait encore dans la promotion de son édition papier en nombreux volumes reliés. Quelques mois plus tard, elle annonçait son transfert en ligne avec quelque 300000 articles et disait ne plus pouvoir garantir la parution de l'édition papier. Et en 2012, c'est la vénérable *Encyclopædia Britannica* elle-même qui a migré corps et âme sur le Web. Tout un symbole. Est-ce la fin d'une grande époque, ou le début d'une nouvelle épopée ?

Nous dirigeons-nous d'un pas accéléré vers un « monde sans papier », selon les propos futuristes de l'Américain Peter Drucker ou du Français Michel Serres ? Serait-ce un grand progrès écologique, pour nous, ici, au Québec, pays d'immenses forêts que nous détruisons pour imprimer en masse le meilleur et le plus ordinaire ? Pourtant, Peter Drucker aimait se faire photographier pour les médias devant son imposante bibliothèque, comme un gage de son expertise de futurologue. Les bibliothèques sont les temples de nos civilisations de l'écrit et demeurent des métaphores de l'univers. Borges parlait des bibliothèques comme de tours de Babel et de labyrinthes. Et elles ont toujours dépendu de trois facteurs principaux, qui sont étroitement liés : les technologies de communication, les structures sociales, et les modes de socialisation.

Elles ont commencé, si je puis dire, par ne pas exister. Elles reposaient sur la seule mémoire des sages et des conteurs dans les sociétés de tradition orale. Il est très légitime de se demander si elles ne vont pas disparaître avec l'émergence déclarée d'une nouvelle oralité numérique. Les bibliothèques publiques devraient-elles alors épouser la modernité numérique et abandonner la monumentalité des briques, de l'acier, du verre et du béton, pour migrer dans la dématérialisation virtuelle ? Les réserves souterraines de nos bibliothèques publiques vont-elles remonter à la surface du Web ?

Paradoxalement, il n'en est rien ! Les nouvelles bibliothèques publiques se multiplient de nos jours. Certes, elles évoluent architecturalement, mais sans rien perdre de leur monumentalité, souvent bien au contraire. En fait, les gouvernements investissent conjointement dans les deux architectures : matérielle et virtuelle.

## Le papier électronique

On nous annonce depuis quinze ans le succès imminent du papier et de l'encre électroniques, comme pour s'assurer que le papier traditionnel lui-même se diluera rapidement dans le grand océan numérique, tel un ultime débris de l'ère Gutenberg, bientôt englouti à jamais dans les flots du progrès technologique. Voilà le type même d'erreur auquel conduit une fausse problématique trop fixiste. Que gagnerait-on à inventer un papier électronique, au prix d'investissements coûteux, alors que nous disposons de toutes sortes de support d'impression bon marché, papier, textile, plastique, etc., et d'écrans plats en tous genres ? Pourquoi cette obsession d'un « papier » dans la recherche d'innovations, alors que le papier offre déjà toutes les performances qu'on pouvait en attendre, et qu'il devient moins nécessaire dans beaucoup d'usages sociaux. Les billets électroniques d'avion reçus par courriel avec code Quick Response suffisent déjà pour se présenter au comptoir et c'est déjà vrai aussi pour les billets de théâtre. Un enregistrement sur la puce électronique de notre téléphone intelligent devrait bientôt suffire à ouvrir les guichets devant nous. Certes, cela ne se confirme pas encore pour les services des villes dites intelligentes, mais nous ne perdons rien pour attendre.

Les gourous qui nous prédisaient il y a vingt ans l'ère *zéro papier* pour maintenant devront encore patienter un peu pour triompher. Je ne suis pas un intégriste du numérique. Je fais plus souvent qu'à mon tour l'éloge de cet objet ergonomique quasi parfait que demeure le livre papier. Et je ne comprends pas la vindicte des champions du numérique, qui croient nécessaire de condamner le livre pour garantir le succès de l'édition et de la distribution numériques. On tire aujourd'hui de tous les côtés, dans une confusion totale, comme si c'était une nouvelle bataille des Anciens et des Modernes, comme si la disparition du papier, ce pelé, ce galeux, était requise pour assurer la victoire du numérique. De jeunes enthousiastes – c'est sympathique, cette excitation, mais ils sont souvent intolérants – nous annoncent qu'ils ont signé des accords mirifiques avec des éditeurs pour avoir le droit de publier des livres entiers sur les écrans des téléphones mobiles. L'écran d'ordinateur fixe est devenu vieux jeu. Il faut absolument être mobile ! Il est vrai que l'exemple vient du livre papier lui-même : un contenu nomade ou, comme on dit maintenant : « embarqué » !

Nous écrivons tous avec un clavier, mais qui lit longtemps sur un écran d'ordinateur pour son plaisir ? Personne ! Alors qui lira dix pages d'écran de cellulaire, ou de montre intelligente, ou sur ses lunettes Google ? Chacun sait que les *e-books*, ces livres électroniques lancés successivement à grand renfort de fanfares promotionnelles, se fracassent tour à tour contre le papier des livres, emportant avec eux l'enthousiasme et le papier-monnaie de ces vaillants entrepreneurs. On devinera qu'eux-mêmes ne lisent jamais un chef-d'œuvre. Ils me font penser à Steve Jobs affirmant pour vendre ses iPads que plus personne ne lit de livres ! L'iPad est-il une arme de destruction ? C'est bien mal le vendre !

Les liseuses électroniques étaient trop chères, trop fragiles, trop peu ergonomiques, trop peu jouissives pour qui désire retrouver le calme d'une lecture inspirante. Mais elles ont cependant des vertus incontournables pour les documents pratiques et techniques, les encyclopédies, les laboratoires de langues, le scolaire, etc. Au lieu d'opposer sans cesse le numérique au papier, pourquoi ne pas reconnaître calmement les vertus spécifiques des deux médias ? Ils sont si différents ! L'un ne remplacera pas l'autre. Le numérique est un prodigieux outil d'accès, mais il est bien plus fragile que le papier. Il peut assurer très efficacement la promotion et la vente d'un livre, et même adresser la facture. Mais ne confondons pas la facture et le livre. Le papier est un médium calme, le numérique un médium agité. L'un incite à la réflexion, l'autre à la proactivité. La complémentarité du numérique et du papier est évidente. Pourquoi les opposer ? Ne voit-on d'ailleurs pas des journaux et magazines en ligne lancer des versions papier et inversement ? On observe aussi la multiplication des journaux papier gratuits de métro, plus lus que n'importe quel journal en ligne, car présentés au bon moment, sur le bon lieu, faciles de maniement, aisés à financer par la publicité locale et adaptés à des groupes de lecteurs spécifiques pour des contextes spécifiques. Le transfert de la publicité des journaux papier vers l'internet force à une redéfinition, mais les publicités en ligne vont à leur tour se banaliser et suggérer un retour à la publicité papier. La solution n'est certes pas que les journaux imitent le Web, en moins bien, pour augmenter leurs ventes. Les enjeux de la bataille qu'il faut livrer sont autres. Ce qui vaut pour les journaux s'impose encore plus pour les livres et leur espérance de vie. Ce n'est pas contre le livre papier qu'il faut lutter, mais contre les prédateurs qui s'assurent à bas prix des droits de numérisation et de diffusion numérique, voire qui ne se soucient pas même du respect de la propriété intellectuelle.

## La postlittérature

Après les analyses de Roland Barthes sur la fragmentation des textes et leur appartenance explicite ou non dite au corpus des multiples autres textes sources qui ont contribué à les générer et leur donnent leur sens, le développement de l'informatique nous suggère aujourd'hui la métaphore de l'hypertexte. Tout texte serait un ensemble ouvert et infini de liens et serait lui-même lié en tant que fragment au texte virtuel total constitué de tous les textes de notre histoire humaine. On a pu ainsi parler de postlittérature. Autant dire qu'on nous a annoncé la mort de la littérature.

D'une part elle ne serait plus qu'un pot-pourri de fast-food littéraire et, d'autre part, elle serait devenue obsolète en comparaison de la puissance d'expression des médias interactifs enrichis.

On pourra objecter que le concept est faible, ou guère nouveau, dans la mesure où les écrivains sont des lecteurs, de sorte que toute littérature est depuis toujours pour une part un enchevêtrement de liens, ou un réaménagement de l'arabesque de fragments de littérature existants. Tout aurait-il déjà été écrit, et réécrit ? On voudrait nous le faire croire aujourd'hui en parlant d'un *remixage* permanent de couper-coller d'idées, de textes et de citations que favoriserait le numérique. Est-ce ainsi qu'on expliquera les œuvres de Shakespeare, de Dostoïevski, de Dante, de Rimbaud, voire des poètes lettristes ? L'explication ne vaut que pour la pensée ordinaire et la littérature de gare. Les chefs-d'œuvre naissent de la divergence et non du remixage de phrases toutes faites. Ils naissent de nouvelles arabesques sensibles, de nouveaux liens poétiques, de nouvelles métaphores, de nouvelles idées, de projets impossibles, de démarches extrêmes. Ils ont des liens avec la littérature existante, mais par écarts, rejets ou recombinaisons improbables. Ils se situent sur le bord du gouffre de l'existence. Ils se jettent dans le vertige de la pensée et de la création.

En littérature, comme dans les arts visuels, l'interactivité électronique n'est pas un concept intéressant. C'est l'interaction mentale qui est puissante, pas la console de jeux. Quant à la puissance expressive du multimédia, elle demeure problématique. C'est avec le moins que le créateur exprime souvent le plus. L'art de la litote demeure souvent plus puissant que tous les médias enrichis du monde. Le *trop* donné à voir ou à entendre tue la puissance de l'imaginaire.

Cela dit, on ne saurait nier que la littérature contemporaine, en exploitant la richesse d'informations et la diversité des cultures accessibles en ligne dispose d'outils de création nouveaux. En outre, la flexibilité des nouvelles technologies d'écriture et de lecture par ordinateur favorise cette déstructuration de la linéarité, cet éclatement, ou cette fragmentation de la production de pensées et de textes qui constituent de nouvelles vertus de l'âge du numérique. Elle peut ainsi explorer plus audacieusement les arborescences en arabesques inédites de liens imprévisibles que ne le permettaient les technologies précédentes de la plume et du papier.

Le plus important demeure : l'imaginaire. C'est lui qui a toujours su rompre les carcans de l'écriture ou de la lecture linéaires. C'est l'imagination, toujours, qui transgresse le connu, le présent, et ouvre le futur. Pour créer le futur, il faut l'imaginer et oser lâcher le garde-corps du linéaire. Pour penser, il faut oser embrasser l'arabesque inconnue.

Alors, faut-il oser lâcher la littérature de papier ? Certes, l'invention de la bande-son à mis fin (ou presque) au cinéma muet. Doit-on s'attendre alors à ce que la littérature multimédia tue la littérature textuelle et livresque ? On le dit, mais j'en doute énormément ! Portée au cinéma, l'œuvre de Balzac perd son génie. Et dans un autre genre littéraire, Tintin au cinéma semble médiocre en comparaison des pages d'album d'Hergé. On le sait bien, les nouveaux médias ne tuent pas les précédents. Ils les contraignent à se spécialiser davantage selon leurs vertus propres et ouvrent, quant à eux, la voie à de nouvelles créations avec d'autres spécificités. La photographie ne tuera jamais le dessin : elle l'a libéré. La littérature électronique est encore à inventer. Nous attendons ses futurs chefs-d'œuvre hypertextuels, multi- et transmédias.

Un nouvel art exige du temps pour préciser ses explorations, constituer ses modes d'expression, élaborer ses recherches esthétiques. Ainsi, le « livre augmenté » de Camille Scherrer, réalisé en 2014 avec le soutien de Julien Pilet, du laboratoire de *computer vision* à l'EPFL (Lausanne), se présente-t-il comme un album illustré de facture traditionnelle (un volume relié de papier) couplé avec un écran d'ordinateur. En tournant les pages du livre, on voit de séduisantes animations visuelles sortir des pages sur l'écran, avec une bande-son. L'interactivité est ingénieuse et l'animation vidéo, certes poétique, domine nettement les textes imprimés. Sur un écran tactile, on oubliera vite la nécessité de la présence d'un livre posé à côté de l'écran ; on lira même peut-être davantage le texte, tandis que dans la formule papier/écran, le texte tend à s'effacer devant le plaisir de l'animation. Cette cyber-littérature paraît nécessaire pour répondre à notre nouvelle cybersensibilité, pour exprimer nos émotions numériques, mais elle invite à migrer totalement dans l'écran. Et malgré le travail artisanal considérable qu'elle nécessite, en comparaison des arts pauvres de la littérature écrite – ou de la peinture, car je parle ici d'arts dont la création n'exige que de petits budgets, et dont l'exécution demeure individuelle et extrêmement flexible –, elle devra cependant accepter une éphémérité que plusieurs pourraient juger désespérante. Comme Chronos, le progrès technologique tue ses propres enfants. Le numérique vieillit et disparaît d'autant plus rapidement qu'il use de technologies plus complexes et plus puissantes.

On nous dit que les beaux-arts sont devenus obsolètes, qu'ils sont morts de vieillesse. Voilà une affirmation aussi arrogante que malavisée. De même, la fin de la littérature n'est pas pour demain, pas plus que le triomphe de la « littérature numérique », quand bien même le numérique s'impose comme outil de lecture et d'écriture.

## Les images de synthèse

Laurent Gervereau a pris l'initiative d'éditer avec une équipe de collaborateurs un *Dictionnaire mondial des images* (Nouveau monde éditions, 2006), qui manquait manifestement à côté de dictionnaires des mots et des noms propres, si nombreux. Il serait intéressant d'écrire aussi une histoire des images. Ainsi distinguerait-on leurs usages sociaux en liaison avec leurs thèmes (magie, religion, art, pouvoir et institutions, vie privée, science et technologie, publicité, utilités, etc.). On s'attarderait alors sur la divergence de l'art abstrait par rapport à la figuration symbolique ou réaliste. On différencierait aussi trois modes de production, qui se sont succédé, mais se chevauchent aussi : l'image manuelle, l'image par enregistrement et l'image de synthèse. Il est certain que l'invention de la photographie a constitué une innovation technologique décisive, qui a conduit aussi au cinéma et à la télévision. Et il faut mentionner aussi la radiographie, l'échographie, l'holographie, la thermographie, le sonar, etc. Peut-on soutenir que l'image de synthèse a été une immense révolution ? En apparence, oui. Mais en fait, dès lors qu'on y porte plus d'attention, on observe que, même médiatisée par l'ordinateur, l'image de synthèse demeure manuelle dans son mode de production sur palette graphique ou sur écran. On recourt à un stylo numérique, on coupe, déforme et colle des images déjà disponibles, d'origine manuelle ou photographique. L'image filaire reste très artisanale. L'image algorithmique est conçue graphiquement avant d'être programmée. Les pixels coulent comme de la peinture. Les lignes se construisent de point à point. Les couleurs se choisissent et se mélangent comme sur une palette de peintre. Le code binaire n'empêche donc pas que la création d'images synthétiques demeure traditionnelle dans sa conception, et même dans sa réalisation par ordinateur, beaucoup plus rapide et foisonnante, il est vrai, que ce que permettait le crayon ou le pinceau. Elle est en fait plus proche de l'image manuelle que de l'image enregistrée.

En outre, l'image synthétique s'est développée dans une obsession de véracité réaliste avant de rechercher les effets spéciaux. Les arts numériques visent la perfection technique du simulacre, éventuellement en trois dimensions, dont la haute définition, les éclairages, les textures, les colorations, voire la fluidité du mouvement, seraient capables de créer la parfaite illusion d'une perception réaliste. En ce sens, ils tentent de relever le même défi que les peintres traditionnels, qui, depuis la Renaissance jusqu'au XIXe siècle, ont tenté de recréer une imitation aussi parfaite que possible de la réalité, même lorsque cette réalité était savamment recomposée pour célébrer des scènes mythologiques, historiques, bourgeoises, etc. À cet égard, nous n'avons pas changé depuis le célèbre concours entre les peintres grecs anciens Zeuxis et Parrhasios, dont les grains de raisin ou le rideau pouvaient tromper notre perception. Les oiseaux venaient picorer les raisins du premier, qui, sûr de sa victoire, demanda à l'autre de tirer le rideau qui cachait sa peinture. Mal lui en prit : le rideau était peint ! Nous demeurons obsédés par le même défi que les peintres spécialisés dans le trompe-l'œil, les maîtres du mouvement récent de l'hyperréalisme, ou l'école actuelle de ceux qui composent des scènes sophistiquées de personnages et de décors et en recolorent les agrandissements photographiques.

Inversement, il n'y a plus de frontière crédible entre photographie numérique et image synthétique. Les fichiers de la caméra numérique et ceux de l'ordinateur sont de même nature et deviennent mixables et interchangeables. La question se pose alors : qu'est-ce qui demeure vrai ? Qu'est-ce qui demeure crédible ? Qu'est-ce qui demeure réel ? Une captation numérique est une image. Une image scientifique est la modélisation de captations de fréquences réelles. Une image de synthèse est générée par un ordinateur, mais aussi par nos concepts, nos algorithmes, nos logiciels et notre imagination humaine, qui sont bien réels.

Les images en trois dimensions d'aujourd'hui, voire en « 4D », si l'on y ajoute le mouvement, s'inscrivent dans la déjà longue tradition des lanternes magiques et du cinéma stéréoscopique, qui ont connu de multiples variantes. Rien de nouveau sous le soleil ? Plutôt que de l'image, nous devrions parler de l'œil-image. Marcel Duchamp disait que c'est le regardeur qui fait le tableau. Nous sommes consommateur-consommé, message-émetteur, œil-image. Avec la phénoménologie, nous avons pris conscience que la relation du sujet à l'objet, de l'homme à l'image du monde, est par nature interactive, imbriquée, voire circulaire, comme l'est aussi la relation entre la science et la technologie, voire entre le réel et le numérique. De fait, les arts numériques, pris au piège de la perfection programmatique, voudraient faire encore mieux que la photographie, ou l'hyperréalisme, en y ajoutant la profondeur, le mouvement, l'interactivité et le son, bref, le multimédia. Cette logique du progrès technologique situe paradoxalement cette recherche dans une attitude anachronique par rapport à la peinture actuelle, qui, précisément, a pu se libérer de la servilité réaliste grâce à l'alternative de la photographie, et explorer ainsi les limites de ses capacités et de sa liberté d'expression. C'est oublier aussi que même la photographie a su se libérer elle-même de cette soumission au réalisme et devenir un mode d'expression créatif. L'ambition du numérique d'être plus « vrai » que le réel, mais au prix d'une netteté clinique irréelle des images sous une lumière trop aride, crée souvent cet effet d'ennui que nous laissent des œuvres sur écran ou tirées en haute définition sur du papier photographique supérieur et glacé, de même que les animations en haute définition. L'alternative des arts numériques qui visent le divertissement pour amuser les foules, ou les effets spéciaux pour les époustoufler, perd finalement tout intérêt artistique. L'image créée par ordinateur, ou « image de synthèse », comme on l'appelle à juste titre, est trop précise, trop achevée pour rivaliser avec la force d'expression et les flous sensuels de l'écriture picturale.

L'image de synthèse n'est pas magique. Elle relève de l'artisanat d'imitation plus que de la création, et sa perfection programmatique même marque ses limites. La magie de l'art ne vient pas de la synthèse, mais de la soustraction, de l'exploration extrême du visuel, du sonore, du signe. J'aime dans la peinture, le dessin ou la sculpture l'imperfection autant que l'habileté : elle témoigne du processus exaltant de la création réelle et difficile, non pas de l'illusion facile ; de la recherche et du défi humain, non pas du lapin dans le chapeau. C'est ce qui nous fascine dans l'esquisse, dans la sculpture que Rodin dégage à demi seulement du marbre brut. La perfection achevée est un astre mort, dont la lumière ne vibre plus et que nous ne voyons même plus. La réalité augmentée du numérique, la finesse des détails tuent l'imagination du spectateur, le confrontant à l'évidence d'une réalité simulée et d'une performance strictement technologique, d'où toute poésie aussi bien que toute approche critique sont évacuées.

La force d'expression de l'art n'est plus aujourd'hui – elle ne l'a jamais vraiment été, quoi qu'il en paraisse, et quoi que les académies aient pu prétendre – dans l'imitation des objets. Elle n'est pas dans le simulacre ou l'illusion, mais au contraire dans la divergence, dans la liberté que prend l'artiste par rapport à la représentation servile (codée) du réel. Entre synthèse et signe, l'art choisit le moins, qui devient le plus : le signe. La peinture ne vise pas la représentation, mais plutôt la présentation d'une liberté. Elle n'est pas une photographie, mais une écriture. Peindre, c'est écrire dans un cadre et sur une blancheur qui isole le signe de la réalité et lui confère son pouvoir calligraphique et iconique. Peindre un dieu, un code-barres ou un diagramme, ce n'est pas peindre la réalité, ce n'est pas représenter, mais évoquer et présenter une clé virtuelle d'interprétation. L'image est une imagination. L'art n'est pas une technologie, mais une *cosa mentale*. On se trompe donc de divergence en vantant la perfection des images de synthèse. C'est seulement de la liberté de l'esprit que l'art surgira.

## Les arts numériques

Beaucoup affirment que l'émergence des arts numériques a mis fin aux beaux-arts, même s'ils suscitent encore une forte résistance et sont loin d'avoir obtenu la place qu'ils revendiquent dans les musées et galeries.

Il est vrai que les artistes des beaux-arts et ceux des arts numériques se sont jeté mutuellement l'anathème dès l'émergence des nouvelles technologies. Et il n'y a pas eu d'armistice depuis. Ils ne se parlent plus aujourd'hui. Ainsi Jean-François Lyotard, l'auteur de *La condition postmoderne* qui a été en charge de l'exposition *Les immatériaux* montrée à Beaubourg, déclarait sans ambages en 1985 que, sous la pression des avant-gardes, il était devenu « totalement exclu que quelqu'un saisisse simplement un pinceau et mette quelque chose sur la toile ». Et d'ajouter : « Je sais que cela arrive encore, que cela revient même en force, mais je trouve cela une calamité et je ne crois pas que cela va durer » (cité dans *Mémoire de l'Histoire de l'Art*, de Gita Brys-Schatan, 1991). C'est oublier que le progrès en art n'est pas un concept pertinent, et c'est l'erreur des artistes du numériques de croire fonder leur légitimité du seul fait qu'ils délaissent les pinceaux pour adopter les outils électroniques. On ne peut que s'étonner de cette déclaration si radicale de la part du philosophe de « la condition postmoderne » qui prétendait qu'on ne peut plus croire au progrès. Après ce genre de propos, qui ont été multipliés à l'envi, il est devenu d'autant plus difficile de surmonter le fossé creusé par cette querelle inédite qui oppose nouveaux modernes et postmodernes.

Les arts numériques espèrent, selon la logique même de leurs technologies, rejoindre la culture de masse, dans la foulée de l'appropriation publique du Web et du développement des industries du divertissement. Et il est vrai que les journalistes de télévision, qui apprécient les effets spéciaux visuels, s'y intéressent souvent plus qu'aux arts traditionnels. En outre, les arts numériques tendent aujourd'hui à occuper tout le terrain, aussi bien celui de l'image que des installations, de la musique, du théâtre et du cinéma. Ils proposent de plus au public une participation interactive, ludique, qui suscite le même attrait magique que les spectacles de prestidigitation. Alors que l'avant-garde des années 1970, promue par les galeries fréquentées par des initiés, s'était coupée du grand public, les technologies numériques semblaient donc au contraire pouvoir réconcilier l'art et la classe moyenne. Mais ce n'est pas le cas. L'internet élargit l'accès populaire aux beaux-arts mais ne popularise aucunement les arts numériques, qui demeurent une affaire d'experts.

Ce que je prévois, tout au contraire d'un triomphe des arts numériques et d'une condamnation à l'obsolescence de la peinture et des médias artistiques traditionnels que proclament avec arrogance certains artistes du numérique, c'est une réconciliation nécessaire et incontournable des beaux-arts et des arts numériques. Au premier abord, il faut bien l'admettre, leurs différences paraissent irréconciliables. Ma position peut d'ailleurs sembler intenable aujourd'hui : je me retrouve entre deux armées qui se tirent dessus et toutes deux excluent toute réconciliation. Mais peu importe, il faudra bien que les arts numériques, s'ils ne veulent pas dévier vers les industries du divertissement ludique, restaurent le dialogue avec les beaux-arts quant aux questions artistiques fondamentales, celles de notre rapport au monde, de notre sensibilité, de la souffrance, de la beauté, qui s'imposent toujours à nous avec les mêmes exigences que jadis, quelle que soit leur évolution sociologique, technologique et culturelle. D'ailleurs je ne suis pas le seul tenant de cette opinion. Oliver Grau a rappelé avec pertinence qu'il n'y a pas de rupture, mais au contraire une continuité esthétique évidente entre les fresques des villas de Pompéi, les peintures en trompe-l'œil et panoramiques du XVII^e^ siècle et les œuvres actuelles d'immersion virtuelle (*From Illusion To Immersion*, 2003). Des arts apparentés ? Ils le seront aussi longtemps que les artistes numériques voudront demeurer des artistes. Encore faudrait-il qu'ils s'en persuadent eux-mêmes.

Et il faudra, inversement, que les artistes des beaux-arts actualisent leurs thèmes d'expression. Ce qui a rendu la peinture obsolète, ce n'est pas le média pictural, mais ses thèmes : les paysages, les nus, les natures mortes, les abstractions géométriques ou gestuelles qui ne sont plus d'actualité. C'est aujourd'hui la nouvelle nature du monde numérique qu'il est important d'explorer et de peindre. Et il faut admettre que lorsque des artistes ont imité la peinture avec l'ordinateur, comme Matta ou Darcy Gerbarg, tentant seulement d'user des logiciels et des palettes graphiques comme s'ils faisaient toujours la même peinture qu'avant, ils n'ont pas été très convaincants. Même Matta, qui s'est pourtant beaucoup intéressé aux environnements technoscientifiques, n'a pas repris ce thème lorsqu'il travaillait avec des moyens électroniques. Pour surmonter le faux débat entre matérialité et virtualité en art et construire le dialogue désormais nécessaire entre médias traditionnels et nouveaux médias, s'impose l'idée et la pratique de *beaux-arts numériques*.

Paradoxalement, malgré leur triomphe apparent et apparemment définitif, les artistes numériques sont encore marginaux et ils vont le demeurer, ou rejoindre l'industrie, s'ils ne renouent pas avec les beaux-arts.

## La convergence du cinéma et du jeu vidéo

On nous annonce aussi avec de plus en plus d'insistance la convergence incontournable du cinéma et des jeux vidéo. Le cinéma va-t-il subir la pression de notre exigence d'interactivité et se transformer en spectacle participatif ? La technologie n'est pas un rouleau compresseur et uniformisateur qui transforme tout en purée numérique. Du moins pas encore. Même si cette évolution paraît technologiquement logique (et possible), nous gardons nos habitudes et nos résistances culturelles légitimes. Pourquoi le cinéma devrait-il disparaître pour satisfaire aux vertus du jeu ? Qu'y gagnerions-nous ? On ne saurait accorder au numérique le pouvoir totalitaire qu'il revendique. Le cinéma et le jeu vidéo sont des arts opposés, et non seulement le cinéma mérite-il d'être sauvé de cet excès, mais il pourra être ainsi poussé à célébrer plus spécifiquement ses vertus propres.

Le cinéma développe des récits qui ont une dimension psychologique et des implications morales. Beaucoup de films jouent sur l'émotion et nous convainquent de leur qualité s'ils parviennent à nous faire pleurer. Nous y assistons passivement, sans pouvoir changer l'histoire. Les films sont souvent doloristes et fatalistes, un peu comme le catholicisme.

Inversement, les jeux vidéo se passent facilement de scénario. Ils nous proposent plutôt de vaincre les méchants et de gagner. Nous offrant l'interactivité, ils nous invitent à l'action. L'issue dépendra de nous. Ils ne jouent pas dans le registre psychologique : ils roulent des mécaniques. Ludiques, ils nous proposent des moments joyeux. Même lorsque nous perdons, ce n'est pas bien grave. On peut recommencer la partie. Rien de tel dans la vie, ni dans le cinéma.

Le cinéma opère sous le regard du Dieu biblique ; les jeux vidéo, avec la main de Prométhée. Au cinéma, le Diable est présent. Le mal et le bien nous dominent tour à tour. Les jeux vidéo, au contraire, sont d'inspiration grecque. Nous vainquons les démons. Pas de mauvaise conscience : le mal est là pour que nous le dominions. Nous tuons les dragons, les ennemis, tous ceux qui nous menacent. Nous décidons de notre sort à chaque instant. Et ce sont même les jeux où nous pouvons tuer gratuitement, assassiner et voler qui se vendent le plus.

Unir le cinéma et les jeux vidéo dans une même industrie nouvelle ne constitue pas un défi technologique, mais se heurte à une impossibilité artistique. La rencontre du Diable et de Prométhée, les figures emblématiques des deux mythes fondateurs de l'Occident, demeure improbable. Elle serait difficile à maîtriser. On ne peut pas croire au film interactif, même avec des téléphones intelligents dans les mains des spectateurs. On explorerait mieux cette convergence en donnant aux jeux vidéo une haute qualité de scénario, de direction et d'esthétique. Et cela se voit déjà parfois. Mais la fusion des mythologies grecque et biblique demeurera toujours problématique. Ce sont les imaginaires qui ne convergent pas.

## « Retour vers le futur » à Hollywood

À propos de la nouvelle grande aventure numérique de Hollywood et de son choix tardif mais décidé pour la révolution technologique du cinéma en Imax 3D, je reprendrai simplement le titre du fameux film réalisé par Robert Zemeckis en 1985. Hollywood a pris conscience des difficultés grandissantes de son industrie face à la montée en puissance des technologies numériques. Les majors, ces grands holdings financiers qui gèrent Hollywood, ont d'abord choisi de résister au numérique. Ils ont ensuite prétendu vouloir maintenir la qualité de l'image, dont on déclarait que le numérique ne saurait l'assurer, en tentant d'abord d'imposer le 4K – un standard de très haute définition – très coûteux pour la production, mais aussi pour faire des copies.

Hollywood a dû aussi admettre la difficulté de maintenir sa domination mondiale avec un lancement simultané de milliers de bobines 35 mm qui coûtaient une fortune avant même que le film ait été testé sur le marché américain. C'était là un problème de plus en plus insoluble financièrement et Jack Valenti, qui a présidé au développement des industries hollywoodiennes pendant des années, les avait avertis : ils auraient de plus en plus de difficulté à tirer profit d'une industrie qui produit trop de navets et dont le lancement mondial est exorbitant. J'ai analysé cette conjecture difficile pour les industries hollywoodiennes dans *Le déclin de l'empire hollywoodien*, en 2004.

Avec le 4K ils espéraient donc aussi limiter les pertes dues à la prolifération des copies DVD illégales.

Mais le remède était pire que le mal. Trop cher et inutile du point de vue de la qualité de projection, le 4K n'a aucune justification du point de vue cinématographique. L'œil et le cerveau des spectateurs ne leur permettent pas d'apprécier la définition des images au-delà du 2K sur les écrans de format habituel des salles de cinéma. Et le coût, comme dispositif antipiratage, est apparu pire que les pertes de revenus qu'on voulait combattre, les propriétaires de salles n'étant évidemment pas prêts à assumer l'investissement de l'achat des projecteurs 4K, dont le coût demeurait exorbitant.

Quelle solution ? Puisque le numérique est devenu incontournable, autant en tirer avantage, pensa Hollywood, en produisant désormais des films en trois dimensions, qui coûtent certes très cher, mais qui ne sont pas piratables et rapporteront encore plus. James Cameron est par ailleurs catégorique sur la fin de l'utilisation de la pellicule au cinéma : « On est parvenu au bout de ses capacités alors que le numérique par nature reste sans limite. On va pouvoir faire encore des progrès dans ce domaine et c'est toute la beauté du potentiel de cette technologie. » L'expérience de Cameron avec *Avatar*, sorti en salles fin 2009, fut concluante. Le film coûta près de 500 millions de dollars : un record. Mais il a rapporté plus d'un milliard en dix-sept jours ! autre record. Et en six semaines il a dépassé les 1,8 milliards obtenus, eux aussi par James Cameron, pour *Titanic* (mais seulement au bout de quarante et une semaines). Si l'on ajoute les produits dérivés, *Avatar* a rapporté 2,7 milliards de dollars. Et Cameron s'est engagé dans la production d'*Avatar 2* (prévu par la 20$^{th}$ Century Fox pour décembre 2015), puis d'un *Avatar 3* et peut-être *4* ! Lorsqu'on atteint de tels revenus, il n'est plus nécessaire de multiplier les productions chaque année. Certes, le prix des billets pour un film 3D comme *Avatar* est élevé, ce qui peut décourager une partie du public. Mais *Titanic* avait attiré quatre-vingt-dix millions de spectateurs, alors qu'*Avatar* n'a eu besoin « que » de quarante millions d'entrées pour obtenir le même revenu en salles. Alors qu'importe le nombre de spectateurs, si les revenus sont là.

Bien sûr, *Avatar* n'est pas considéré comme un chef-d'œuvre par la critique. Ni le thème, ni le scénario, ni les personnages, ni le jeu des acteurs n'atteignent les standards d'une œuvre cinématographique de qualité. La catastrophe du *Titanic* avait permis de créer un minimum de complexité dans le récit et dans la psychologie des personnages. Dans le cas d'*Avatar*, une histoire de science-fiction, James Cameron laisse voir immédiatement son simplisme. Il a livré une fable insipide située sur une planète gazeuse bleutée, Pandora, lune de Polyphème, à quatre années-lumière de la Terre, où des militaires détruisent le paradis terrestre de bons sauvages, les Na'vis, pour exploiter un minerai, l'unobtainium, qui permettrait de résoudre la crise énergétique sur Terre. Les militaires sont évidemment stupides et brutaux. L'un d'entre eux, pourtant, plus sensible et intelligent – le bon, seul face aux méchants, ressort scénaristique typiquement américain – trahit son drapeau pour essayer de sauver cet environnement idyllique et sa population innocente, ce qui a eu pour effet amusant de déchaîner la droite républicaine américaine contre le film. L'histoire d'amour est aussi mièvre que la fable écologique. Et le film va à l'encontre des principes les plus élémentaires de la science, sans le moindre souci d'expliquer la nature de ce minerai fabuleux, les multiples infractions aux lois de la gravitation et du magnétisme, ou le comment et le pourquoi de la création d'avatars humains. On se fait seulement dire que la nature sur Pandora a plus de connexions neuronales que le cerveau humain, ce qui la rend intelligente.

Rien ne sauve donc ce film de près de trois heures sauf – et il faut le dire aussi – la beauté des paysages en images de synthèse, la luxuriance merveilleuse de la faune et de la flore, et l'invention d'une langue, celle des Na'vis, concoctée avec l'aide de vrais linguistes. Et *Avatar* mérite aussi d'être vu pour la performance exceptionnelle des animations en images 3D, grâce à une technologie 3D « fusion nouvelle ». Il a fallu plus de un petaoctet d'espace de stockage (1 048 576 gigaoctets), pour produire ce film dans les studios de Miramar en Nouvelle-Zélande, qui disposent aussi d'un serveur Blade ultra-performant avec 40 000 processeurs et 104 To de mémoire vive. On notera d'ailleurs que les professionnels québécois sont nombreux au générique. Le film a été produit à Wellington, le « Wellywood » développé par le Néo-Zélandais Peter Jackson, à qui l'on doit notamment la réalisation de la trilogie du *Seigneur des anneaux*. Bien sûr, Hollywood ne se déplacera pas seulement vers Wellywood et ses studios pour y créer à meilleur coût des productions en très haute technologie numérique, (même si James Cameron y a acheté mille hectares de terres). Hollywood va certainement remodeler et adapter aussi ses propres studios de production.

Le projet 3D n'est pas seulement de tourner de nouvelles productions, mais aussi de reprendre les blockbusters de la production hollywoodienne. Finie, la hantise du piratage, fini aussi le coûteux star-system, puisqu'on recourra de plus en plus à des personnages en images de synthèse et au *motion-capture*, qui permet d'animer ces derniers avec les mouvements fluides d'acteurs réels, mais dont les contrats sont beaucoup plus modestes. Ainsi voit-on l'industrie hollywoodienne prendre un virage majeur et s'orienter de plus en plus vers le « *panem et circenses* » du divertissement spectaculaire en 3D.

Dans cette nouvelle industrie du divertissement, les choses vont vite. Aussi a-t-on vu le succès d'*Avatar* s'éteindre comme un feu de paille, cédant dès la huitième semaine la première place au box-office à *Dear John*, un mélo quelconque. Lorsque l'attention du réalisateur est détournée presque exclusivement vers la technologie et le profit, l'art n'est pas bien servi – même en 3D, un navet demeure un navet. Mais qu'importe, s'il rapporte deux milliards ! La recette est du pain bénit pour Hollywood.

Lorsque James Cameron déclare, satisfait: « Avec l'univers d'*Avatar*, je pense pouvoir dire tout ce que j'ai à dire et ce qui doit être dit à propos de l'état du monde, et de ce qui peut, selon moi, être fait », on constate immédiatement les limites intellectuelles de la technoculture hollywoodienne, si simpliste en comparaison de la richesse et de la diversité esthétique et humaine du cinéma européen, qu'il soit espagnol, italien, français, russe, allemand ou polonais, ou du cinéma latino-américain.

On peut prévoir que Hollywood laissera aller progressivement la production de films classiques, d'auteurs ou de films indépendants, dont les revenus sont de plus en plus aléatoires lorsque la logique de l'empire exige de les lancer simultanément sur toute la planète pour se protéger du piratage, et se consacrera désormais de plus en plus au divertissement spectaculaire.

Sans doute ne pouvait-on prévoir en 2004, lorsque j'ai publié *Le déclin de l'empire hollywoodien*, que cette technologie deviendrait aussi rapidement généralisable. Cette évolution qui correspond finalement au *core business* de l'industrie hollywoodienne, est tout à fait légitime du point de vue commercial. Elle permettra peut-être à Hollywood de continuer à faire des profits, et même, de temps à autre, quelques grands films, mais elle laissera de plus en plus le champ libre aux producteurs et aux distributeurs indépendants qui nous ont habitués à un cinéma de qualité. L'art cinématographique ne se heurtera plus au monopole funeste de multiplex américains. Il pourra revivre pour notre plaisir et aborder des thèmes importants pour nos sociétés. Rien n'empêchera ceux qui le veulent d'aller sucer des bonbons 3D dans les arènes hollywoodiennes. Ce que nous voudrions seulement, c'est que Hollywood cesse de tuer l'art cinématographique. Si la Mecque du cinéma américain se consacre à autre chose, nous n'aurons plus de raison de la dénoncer.

La voie se libère dans le monde pour développer une cinématographie indépendante qui compte artistiquement, chinoise en Chine, brésilienne au Brésil, italienne en Italie, etc., en passant par de nouveaux réseaux de distribution qui échappent à l'impérialisme et à l'obstruction hollywoodiens. Et que nous importera alors que Hollywood s'enrichisse ou fasse faillite ! En s'éloignant du véritable septième art, il aura développé un nouveau secteur des industries du divertissement, dans d'autres circuits, et il aura perdu son pouvoir de nuisance.

Hollywood pourra même envisager une superproduction : *Dieu*, en Imax 3D interactif ! Une idée en or dont, à en juger par le succès commercial limité des dernières productions 3D, les producteurs ont bien besoin. L'empire s'effrite déjà sous nos yeux. Toutefois, la révolution numérique que Hollywood assume enfin, faute de pouvoir y échapper, ne constitue en rien une divergence. Hollywood confirme seulement le choix qu'il a fait de longue date pour le cinéma-spectacle pour tous.

## Les socialités numériques

Nous prenons aussi pour des divergences beaucoup de phénomènes sociaux qui n'en sont pas. Ainsi voyons-nous dans l'activation d'hyperliens entre « citoyens numériques » de nouvelles identités humaines. Nous parlons de « socialités », comme si nous fondions de nouveaux rapports sociaux grâce aux médias sociaux. Mais qu'en est-il de la qualité, de la durée de ces liens numériques ? Sommes-nous dans un divertissement de clics ou dans la refondation d'une solidarité organique qui nous transcende, comme celle à laquelle aspirait Durkheim ? Que valent les nouvelles amitiés qui se déclarent sur Facebook par centaines, par millions ? Quelles valeurs incarnent-elles ? Quel sens donnent-elles à notre vie ? Quelle profondeur ont-elles, au-delà des clics qu'on agrège ?

Allons-nous développer des rapports humains plus fusionnels ? L'humanité va-t-elle embrasser l'imprévisible divergence d'une tendresse planétaire ? Ou d'une empathie civilisationnelle, comme en rêve Jeremy Rifkin ? « L'idéal du rêve américain, disait-il, le cow-boy toxique, n'a pas sa place dans un monde globalisant. Mais si on découvre l'*homo-empathicus*, il sera possible de voir la planète comme une famille humaine. » (*The Empathic Civilization*, 2012). Cette prise de position souligne assurément une évidence. Encore que la famille soit traditionnellement aussi le nœud de toutes les disputes et de toutes les pathologies névrotiques, comme l'ont souligné les psychanalystes et le Gide du « Familles, je vous hais ! ». Et il faudra, pour changer le monde, beaucoup plus que des médias sociaux où les échanges demeurent d'une grande pauvreté. L'engouement pour Facebook nous révèle plutôt le symptôme criant de l'aggravation des solitudes anonymes qui coexistent dans les masses sociales. Communiquer pour communiquer n'apporte pas grand-chose, si ce n'est que de nous distraire des enjeux sociaux réellement importants et beaucoup plus complexes que ces robinets qu'on ouvre. La ferveur pour des socialités numériques qui esquisseraient de nouvelles structures sociales fécondes relève de la pensée magique. Cela ressemble à une pilule de sociabilité qu'on prendrait quotidiennement et qui créerait une dépendance, nous euphorisant un instant dans l'activité fébrile des claviers, mais sans rien guérir. Encore faudrait-il qu'elle ne fasse pas de mal, et c'est loin d'être le cas, compte tenu de la vulnérabilité de nombre de ceux qui dévoilent ingénument leurs vies privées.

Alors, que sont ces « nouvelles socialités » dont on nous parle tant ? Comment se concrétisent-elles ? Que construisent-elles ? De nouvelles communautés ? Vraiment ? De telles socialités, si elles existent, sont assurément complexes. Elles obéissent à des mécanismes subtils. Alors qu'elles ont une relation dialectique avec le réel, ses obscurités, ses tensions, ses désirs et ses contradictions, nous semblons vouloir leur conférer sur les réseaux sociaux un pouvoir magique, prétendant parfois qu'elles seraient bientôt capables de surmonter les fractures de nos sociétés et de nous faire migrer dans l'harmonie euphorique du cybermonde, où nous aimons, il est vrai, nous évader pour échapper aux misères d'ici-bas.

On mentionnera alors, entre autres, les rencontres amoureuses sur le Web qui se concluent heureusement. Et ce n'est pas rien. Mais nous sommes encore mal en mesure d'évaluer l'impact de ces nouvelles socialités sur la vie privée. Il faut des échanges affectifs ou utilitaires solides, des objectifs partagés, de l'esprit critique pour que ces socialités débouchent sur une nouvelle conscience. L'eau numérique qui ruisselle finit par recouvrir le réel d'une communication dont la vacuité ne donnera pas le change longtemps. Il ne suffit pas de flotter dans l'océan du cyberespace. Il faut aussi que ces socialités activent des valeurs sociales qui aient un impact réel. Sinon, il serait plus prudent de parler d'un divertissement illusoire, certes très absorbant, mais léger comme une éponge.

## Facebook

Pour autant, qui osera nier aujourd'hui l'importance des médias sociaux ? Ils nous apparaissent comme incontournables, sans cesse nourris par la contamination virale. Nous courons entre YouTube, Facebook, Google+, soucieux d'être présents partout. Le président de Linkedin a pu affirmer ainsi : « MySpace, c'est le bar, Facebook, c'est le barbecue au fond du jardin, et Linkedin, c'est le bureau. » Et ces médias sociaux se sont multipliés : Flickr, Myheritage, Trombi, Twitter, Tumblr, Pinterest, Last.fm, Plexo aux États-Unis, Viadeo en France, Xing en Allemagne, Jobssip en Espagne, Renren Xiaonei et WeChat en Chine, Kakao Talk en Corée du Sud, Line au Japon ou iYam.mobi en Afrique (sur téléphone mobile).

Mais le temps numérique s'accélère, et si les succès se succèdent, leur espérance de vie est souvent courte, comme on l'a constaté avec le déclin rapide de grands réseaux spectaculaires comme Second Life ou MySpace.

Le phénomène Facebook est d'une ampleur inédite. Il s'agit d'une plateforme de socialisation née du traditionnel trombinoscope scolaire – les albums de portraits photographiques des étudiants par classe dans les collèges et les universités américaines, qu'on édite chaque année. Mais maintenant l'album est en ligne et dépasse évidemment le cadre des institutions scolaires : chacun peut y ajouter des détails sur sa vie privée, ses amis, ses activités préférées et quotidiennes, ses achats ou ses photos de vacances. On peut ainsi montrer sa maison, son chat ou son petit ami, et on espère se faire remarquer par des chasseurs de têtes, ou par ses voisins virtuels, ou tout simplement avoir beaucoup, beaucoup d'amis et acquérir ainsi un statut social. Car on y développe un réseau de relations. Ne pas y être, c'est rester sur le bord du chemin et ne pas vraiment exister.

Il faut croire que, dans notre société de masse et de communication, beaucoup de gens souffrent paradoxalement de la solitude. Facebook leur offre une plateforme de socialisation, où chacun guette sur sa page les clics des autres et espère faire plus de rencontres qu'en ville, même dans un café ou sur les gradins d'un stade. Facebook semble augmenter son nombre d'usagers à un rythme effarant, à en croire les chiffres faramineux qui nous sont annoncés : 600 millions d'inscrits en 2010, 950 millions en 2012, et au-delà du milliard en 2013. Un Canadien sur deux en serait membre, au point où l'on parle du Canada comme d'une « nation Facebook ». Et les revenus suivent. Tout candidat politique, chanteur, sportif, acteur, et bientôt tout philosophe, se doit d'y être ! Et Facebook n'est plus réservé aux jeunes ! Des organismes communautaires, des bibliothèques, des centres culturels ou religieux, des partis politiques s'assurent d'y être présents de façon inventive et attractive.

Il demeure que 84 % des recettes de l'entreprise venaient de la publicité en juillet 2012, deux mois après son entrée en Bourse. Et bien entendu, ce n'est pas son aspect angélique et convivial qui a valu à Facebook le succès financier fulgurant que l'on sait. Créé en 2004 par Mark Zuckerberg, alors étudiant à Harvard, le site faisait déjà 50 millions de dollars de chiffre d'affaires en 2006, puis 777 millions en 2009, et 1,18 milliard en 2012 ; la valeur de la compagnie était estimée à 104 milliards à son entrée en Bourse au printemps 2012. L'appel en Bourse, dont on espérait 10 milliards, s'est élevé spectaculairement à 16 milliards, bouleversant l'économie de la Silicon Valley par cet afflux de capitaux inédit dans l'histoire boursière. Cependant, l'action de Facebook, lancée à 38 $ le 18 mai, ne clôtura le même jour qu'à 38,23 $, manquant l'effet d'engouement attendu, et passa au-dessous de 29 $ en quelques jours, soit une chute de 10 %, et à moins de 20 $, soit la moitié de la valeur initiale, trois mois plus tard. On a même constaté une fuite des talents, plusieurs des hauts dirigeants de Facebook ayant depuis quitté la compagnie. Ces déboires boursiers étaient-ils seulement passagers ? Bien que l'action ait aujourd'hui remonté à environ 60 $, le risque est grand d'une nouvelle chute lorsque les employés de Facebook auront le droit de vendre leurs actions.

Beaucoup d'observateurs ont interprété l'essor fulgurant de Facebook auprès des nouvelles générations comme un tournant majeur de nos modes de socialisation. Il semble parfois qu'on ne parle que de Facebook. Mark Zuckerberg a été en 2010 la personnalité de l'année de *Time Magazine*. Ce serait l'histoire du siècle. Mais Facebook est vite devenu un site poubelle. Son avenir, malgré son immense succès de masse, n'est nullement garanti. Le réseau est le lieu d'une compétition où on *like* des *posts* par centaines pour recruter ces amis dont le nombre est censé donner une notoriété sociale enviable.

Facebook s'est essayé à diverses reprises, d'abord discrètement, puis plus ouvertement, à vendre aux grandes entreprises ses données sur la vie privée des

« amis » qu'il rassemble par centaines de millions. En 2009 il a lancé People Powered Ads et Buddy Media, invitant notamment les utilisateurs à commenter les marques et les campagnes publicitaires des compagnies. Puis il les a invités à commenter des sites Web commerciaux, fournissant encore ainsi aux compagnies des informations précieuses. Avec Shop with your friends et Blippy, il a poussé plus loin, exposant des produits commerciaux et organisant une plateforme de magasinage et de commentaires entre clients « amis ».

Beaucoup d'utilisateurs commencent à se défier de ces pratiques douteuses, mais vitales pour Facebook. En 2013 le sondeur français CSA a révélé que pas moins de 82 % des inscrits sur Facebook se méfient de plus en plus de ce genre de commercialisation de leurs données privées.

Mais cela demeure sans grand effet. Ainsi, Coca-Cola rougit d'aise : sa page Facebook se classe au onzième rang des pages les plus visitées, avec celles des chanteurs les plus populaires et des autres grandes marques comme Starbucks ou Disney. La compagnie de soda peut se vanter d'avoir 30 millions d'amis. Cela en dit beaucoup sur la vacuité de Facebook et la servilité inconsciente des amis qui s'enrôlent et s'asservissent dans les stratégies publicitaires des multinationales. Ils ont sans doute l'illusion d'être associés à la puissance et à la gloire stellaire de ces entreprises de divertissement et de consommation. Les voilà connectés au vide sidéral du réseau social, branchés au gaz de la célèbre boisson sucrée. Il ne faut pas grand-chose pour les euphoriser... Car que sont ces socialités numériques ? De l'eau, du sucre et des bulles. Clic-clic. Clac. Il en faudra plus pour changer le monde.

En 2010, j'ai annoncé le déclin prévisible de Facebook, notamment dans l'*Observatoire international du numérique* et dans le journal *Libération*. Et même si, entre-temps, Facebook est passé de 300 millions à un milliard deux cent millions d'amis en 2014, je n'ai pas changé d'avis. Pourquoi ? Parce que malgré son succès quantitatif spectaculaire, le concept de Facebook, en prenant de l'ampleur, est devenu dysfonctionnel et hautement volatil. Il roule à vide. L'illusion a grossi comme une avalanche qui ensevelira beaucoup de gens, y compris les courtiers qui y ont investi l'argent des autres.

Il n'était pas difficile de faire cette prédiction, même si elle m'a été fort reprochée. Nous observons la même succession de modes numériques éphémères pour tous les outils du quotidien. Ainsi, les montres numériques qui avaient envahi le marché en sont quasiment disparues – avant de réapparaître aujourd'hui sous la forme de « montres intelligentes » aux multiples fonctions. On ne parle plus du jeu Second Life qui avait, vers 2008, eu du succès au point de faire l'objet de spéculation foncière, et qui battait sa propre monnaie convertible en dollars. Chacun voulait y avoir son avatar, tandis que les grandes institutions et les multinationales investissaient pour y avoir leurs vitrines. Les réseaux d'amis comme Facebook provoquent de plus en plus de méfiance. Il est vrai qu'en exhibant ainsi leur vie privée, beaucoup de jeunes se fichent eux-mêmes publiquement, et que les données personnelles qu'ils y mettent sont aussitôt utilisables, pour le meilleur et pour le pire. Des enquêtes ont montré que 80 % des internautes n'ont pas confiance dans la politique de confidentialité des médias sociaux qu'ils utilisent. Dans le cas de Facebook, le plus en vue, de nombreuses polémiques successives ont obligé ses dirigeants à reculer et à faire d'apparentes concessions. Ils ont finalement cédé en août 2012 aux exigences de la Federal Trade Commission. Facebook doit désormais « obtenir le consentement explicite des utilisateurs avant de partager leurs informations, en maintenant un programme complet destiné à préserver la vie privée des consommateurs ». Facebook doit donc obtenir le consentement préalable (appelé également *opt-in*) de manière « claire » de chaque utilisateur avant toute modification des paramètres de confidentialité.

La FTC a aussi contraint Facebook à demander l'autorisation de ses utilisateurs avant de communiquer des données à des « parties tierces ». Et il a été exigé que ces nouvelles obligations figurent en « bonne place » sur le portail. En outre, Facebook doit désormais se soumettre à des audits réalisés par un tiers indépendant tous les deux ans pendant vingt ans. Il n'en demeure pas moins qu'il est compliqué de s'extirper de Facebook et que si vous y parvenez, le site vous « rassure » en vous indiquant que si vous changez d'avis et voulez un jour vous réinscrire, vous retrouverez aussitôt toutes les données personnelles que vous y aviez mises – celles que précisément vous venez d'essayer d'effacer définitivement pour protéger votre vie privée. Ces deux faces de Facebook, l'une de bénigne convivialité, l'autre d'exploitation commerciale sournoise de données privées, sont pour le moins contradictoires.

La même menace constante de l'exploitation commerciale des données personnelles qui incite beaucoup d'utilisateurs à quitter Facebook suscite des initiatives alternatives basées sur le logiciel libre avec code source ouvert, qui permet à tous les usagers de contrôler les orientations, les politiques et les usages d'un site. Quatre étudiants de l'Université de New York ont lancé en 2010 Diaspora, « *The community-run, distributed social network* », un réseau sans but lucratif que le *New York Times* a qualifié d'anti-Facebook. Ce site, dont la gestion est décentralisée selon le principe du *peer-to-peer*, permet aux internautes de garder le contrôle de leurs pages personnelles et exclut donc toute exploitation de données personnelles dans des buts commerciaux par une compagnie privée. Diaspora a choisi une structure communautaire dont l'architecture même garantit le respect de la vie privée et des données personnelles.

Tim Berners-Lee, « l'inventeur du Web », a publié une mise en garde insistante sur le « caractère fermé » de la plateforme Facebook. Nous ajouterons que ce réseau n'offre guère d'innovations dans ses fonctionnalités. En outre, il manque de profondeur, se dédiant à des échanges superficiels et sans contenus. Je vois mal, enfin, comment cette plateforme surmontera encore longtemps la contradiction évidente entre les relations naïves d'adolescents et les usages « adultes » institutionnels ou professionnels, tels que les campagnes politiques, commerciales ou humanitaires et les débats littéraires, scientifiques, historiques ou universitaires qu'il accueille aussi. Ainsi, en 2013, beaucoup de jeunes déclaraient dans le cadre d'une enquête de quinze mois menée dans huit pays par une équipe britannique, que « Facebook, c'est un truc de vieux », parce qu'ils voyaient leurs parents y aller de plus en plus. Et, comme tous les objets des engouements auxquels s'identifient les jeunes générations successives, Facebook va vieillir et passer la main. Ils sont déjà des millions à s'en détourner.

On lui préfère désormais Instagram – que Zuckerberg a eu l'intelligence de racheter –, ou Snapchat, voire WhatApps. Daniel Miller, un chercheur britannique, relevait que Facebook était « désormais snobé par les grands adolescents » et annonçait même, un peu prématurément, que « 2013 serait l'année du déclin de Facebook ». Clientèle adulte, ou adolescente ? Voilà encore deux faces de Facebook qui ne s'accordent pas. Cette plateforme est manifestement trop vaste pour ne pas apparaître bientôt fragile et non pertinente. Et voilà que des chercheurs de l'université de Princeton comparent Facebook à « une maladie infectieuse qui finira par disparaître ». Ils démontrent qu'on peut appliquer à Facebook des méthodes d'épidémiologie pour comprendre la contagion mondiale de son succès, ainsi que la réaction grandissante du système immunitaire des populations humaines, et annoncent donc que le site, qui fête ses dix ans d'existence en 2014, va chuter inexorablement, comme c'est arrivé avec MySpace précédemment. Ils estiment que Facebook pourrait perdre 20 % de ses membres en 2014 et jusqu'à 80 % d'ici 2017. Alors que le désir de socialiser ne risque pas de diminuer, pas plus que le sentiment de solitude de nos masses individualistes, doit-on prévoir que ces réseaux vont saturer les rapports sociaux à l'échelle planétaire ? Sans doute, mais ils vont évoluer. Les médias sociaux ne disparaîtront certainement pas, mais ils vont se segmenter davantage, pour mieux répondre aux besoins plus spécifiques de groupes mieux définis. Les réseaux sociaux ne peuvent demeurer des « places du village » où rencontrer n'importe qui et faire n'importe quoi, comme Facebook ou Google+. Il faudra qu'ils se spécialisent, comme les réseaux professionnels, ou Flickr pour le partage des photos. Le cas du réseau social chinois Renren (« tout le monde ») est évidemment différent en raison d'un contexte politique tout autre.

Dans la lutte entre les empires numériques que sont Microsoft, Google et Facebook, c'est ce dernier qui est le plus fragile, malgré ses succès actuels, ou plutôt à cause de cet engouement superficiel et non structuré. Les masses d'amis que Facebook réunit deviennent non fonctionnels, faute de paramètres spécifiques, de sorte que développer une page Facebook pour promouvoir des idées ou des activités devient futile. Certes, des entreprises ou institutions s'en servent parce qu'une page Facebook leur coûte moins en travail et en argent que de créer et de promouvoir leur propre site ; mais elles vont rapidement s'apercevoir que cela ne leur donne pas la fréquentation et l'engagement qu'ils en attendent. L'avenir de Facebook est plus qu'incertain. Entraîné par son succès, on ne voit pas comment il pourrait se reconfigurer en ciblant mieux ses objectifs et ses fonctionnalités avant de perdre les faveurs de la vague d'adolescents et d'usagers adultes qui s'y sont accrochés. Et à moins que Google+ ne change sa politique actuelle en affinant ses fonctionnalités sociales, on peut s'attendre à un échec à court ou moyen terme. Le plafonnement de Google+ ne sera pas grave pour cette compagnie qui offre de nombreux autres produits remarquables et développe sans cesse des technologies et des services innovateurs. Mais tel n'est pas le cas de Facebook, qui n'a qu'un seul véritable produit à offrir.

Sauf à changer de stratégie et se diversifier en achetant avec l'argent amassé en Bourse d'autres compagnies offrant des services des technologies à forte valeur ajoutée, sa chute est inéluctable. Sans doute conscient de ce risque, début 2014, Facebook a racheté WhatsApp, une application quasi gratuite de messagerie en temps réel qui comptait déjà 500 millions d'utilisateurs, alors que celle de Facebook n'a jamais vraiment réussi à s'imposer. Un pari audacieux au prix exorbitant de 19 milliards de dollars. WhatsApp, fondée en 2009, ne comptait au moment de l'achat que 55 employés et n'a jamais réalisé aucun profit – elle s'interdit d'ailleurs toute publicité et ce principe est censé perdurer après l'achat. Son produit est loin d'être original, puisqu'existent déjà notamment WeChat, Line, BBM ou Viber, sans compter Skype. Seules les données de ces 500 millions d'utilisateurs constituent un capital marketing appréciable, encore que très volatil. Un tel achat record ne peut s'expliquer que par une grande inquiétude de Facebook face à son avenir. Ce qui sauve aujourd'hui Facebook d'un déclin immédiat, c'est sa migration sur les téléphones portables, où il a considérablement augmenté ses revenus publicitaires. Pour combien de temps ? Dans tous les cas, Facebook est une fausse divergence, dont la disparition prévisible n'empêchera pas la Terre de tourner. Compte tenu des abus de cette entreprise en matière de respect de la vie privée, et pour tous les adolescents embobinés par ce marchand d'illusions, ce sera même un progrès.

## L'archaïsme des imaginaires de robots et de la science-fiction

Notre époque développe une nouvelle industrie, celle de la robotique. C'est la mode. Même Google investit dans les robots, qui vont remplir pour nous de multiples tâches, industrielles, guerrières, exploratoires, médicales, ménagères, grâce à leur intelligence artificielle. Les robots industriels et scientifiques ne sont en fait que des machines-outils de nouvelle génération, certes extraordinairement performantes, qui exploitent toutes les ressources de l'électronique, de l'informatique, de la miniaturisation et de la téléprésence. Mais notre époque démontre aussi un nouvel engouement pour des robots de compagnie, programmés pour exprimer des émotions et de l'attachement envers leurs propriétaires. Ce commerce de petites machines sentimentales a déjà du succès, notamment au Japon. Plus encore : dans la littérature et le cinéma de science-fiction, nous faisons de ces robots de nouveaux Titans. Du point de vue de l'imaginaire collectif, c'est à de vieilles obsessions humaines que tient leur succès. Et du point de vue de la forme, nous sommes plutôt face à des imitations d'humains, de chiens et autres animaux, qui réveillent pour le plaisir de vieilles mythologies.

Dans le film *Wall-E*, d'Andrew Stanton – et dans le jeu vidéo qui l'accompagne –, au bout de 700 ans de solitude, un robot laissé sur la Terre pour nettoyer la planète après le départ des humains vers d'autres galaxies, voit arriver Eve, un autre robot en mission d'évaluation. Wall-E développe pour cet alter ego apparemment féminin des sentiments de plus en plus humains. Nous voilà dans l'univers des robots émotifs et de l'amour électronique... Certes, « il s'agit surtout d'être capable de toucher les gens par l'animation », puisque les visages des robots ne se prêtent pas aux expressions habituelles, comme le souligne Ed Catmull, président de Disney et de Pixar, le producteur du film. Mais pourquoi vouloir prêter des sentiments humains à des robots ? Les hommes inventaient autrefois des golems et aujourd'hui, ils rêvent d'androïdes. Ces créations font penser à une version futuriste des animaux des fables d'Ésope et de La Fontaine. Et il est logique qu'à notre époque, Disney évolue progressivement, passant des souris, canards et autres pingouins, à des robots qui reflètent davantage notre monde technoscientifique contemporain.

La sentimentalité mécanique est aussi sans doute une manière de s'approprier cette technoscience si puissante et envahissante, qui fascine, mais aussi fait peur, en lui attribuant des caractères psychologiques et moraux. Seuls les caractères, les sentiments et les attitudes demeurent les mêmes à travers les siècles : archaïques ou simplistes, un peu binaires. Nous projetons une comédie humaine sur tous nos écrans : jadis les ombres, le mur de la caverne, le ciel, et maintenant les écrans de toile, de verre ou de plastique. En fait c'est toujours nous-mêmes que nous projetons, dans nos propres cerveaux.

Tout évolue, mais rien ne change ? Les posthumanistes qui nous voient déjà en cyborgs, hybrides de chair et de silicium, prennent pour une révolution de l'esprit un fantasme de science-fiction qui les attire manifestement, mais qui demeure aussi archaïque et improbable que peu désirable. Trop d'esprits imaginatifs courent tête baissée dans la caricature de la science et du futur. Ces divergences qui se présentent comme futuristes relèvent en fait d'un imaginaire mythologique.

## Le mur de la singularité

La singularité... voici une idée dont on reparle sans cesse, et qui a même donné lieu en 2008 à la fondation d'une Université de la Singularité, bien sûr en Californie, financée par des déesses du cybermonde et de la finance : Google, Nokia, Cisco, Autodesk et la NASA.

Sans ressasser les débats éculés sur le hasard et la nécessité, ni pérorer sur les modélisations très légitimes et pertinentes qu'étudient les spécialistes des catastrophes, ou sur les calculs de risque des compagnies d'assurances, ni rappeler les vertiges intellectuels sur la complexité de l'Intitut de Santa Fe, je donnerai plus d'attention ici au « mur de la singularité ».

Nous voilà donc à la veille du grand basculement du monde. L'idée remonte en fait aux années 1950, et est sans doute attribuable à John von Neumann – dont le nom même annonce la prophétie ! On cite souvent la description qu'en donne Irving John Good en 1965 – dont le nom est, quant à lui, plutôt rassurant. Il invoque le développement, pour ne pas dire l'explosion de l'intelligence artificielle : « Mettons qu'une machine supra-intelligente soit une machine capable dans tous les domaines d'activités intellectuelles de grandement surpasser un humain, aussi brillant soit-il. Comme la conception de telles machines est l'une de ces activités intellectuelles, une machine supra-intelligente pourrait concevoir des machines encore meilleures ; il y aurait alors sans conteste une "explosion d'intelligence", et l'intelligence humaine serait très vite dépassée. Ainsi, l'invention de la première machine supra-intelligente est la dernière invention que l'Homme ait besoin de réaliser. » Après, c'est la machine intelligente qui prend en charge l'évolution de l'homme – ou plutôt sa disparition, pour cause d'inutilité.

On nous en reparle aujourd'hui. Cela hante les esprits prospectivistes comme un incontournable. Car, au-delà de ce « mur », aucune visibilité. Avec nos petits cerveaux humains, nous perdons l'entendement et le contrôle. C'est la fin de l'homme que nous connaissons, la fin de la nature et du carbone : nous allons entrer dans le nouvel âge du silicium et de l'artifice mur à mur. Plus rien ne sera comme avant, l'intelligence artificielle, prenant le contrôle de notre espèce, nous soumettra à des algorithmes de la sagesse et de la raison ; l'innovation dominera sans cesse et partout nos activités. On produira des hommes nouveaux avec la nouvelle imprimante 3D.

La science-fiction a cultivé le concept de singularité pour désigner le mur du futur, au-delà duquel s'opérera un changement radical que nous sommes incapables de penser. Voilà le grand déversoir de nos esprits futuristes les plus audacieux. Mais il faudra bien l'admettre lorsqu'on atteindra l'âge de la réalisation de cette divergence de notre évolution : ce mur opaque et sans retour recule sans cesse devant nos pas comme l'arc-en-ciel. L'ingénuité positiviste de Ray Kurzweil a déduit son échéance de la loi de Moore, qui double tous les dix-huit mois la puissance informatique. Sa date, évidemment prochaine, a d'abord été prévue pour 2025, puis pour 2050, lorsque notre prophète a pris conscience que l'évolution était moins précipitée que le progrès de nos ordinateurs. D'ici à ce qu'on y arrive, il faudra qu'il comprenne aussi que la singularité n'est qu'un mot-écran désignant notre incapacité à penser rationnellement la peur ou la rédemption dont nous colorons notre futur.

En termes mathématiques, le concept de singularité désigne depuis plus d'un demi-siècle une limite de nos arabesques programmatiques, au-delà de laquelle Alan Turing, Irving John Good ou Carl Sagan jugeaient devoir rendre les armes, tant les complexités des calculs de plus en plus abstraits les dépassaient et aboutissaient hors de toute préhension réelle.

Du point de vue métaphysique, la singularité n'est qu'un fantasme sur lequel on peut prophétiser sans restriction, un simple lieu commun qui s'énonce clairement comme suit : nous sommes incapables de penser le futur au-delà des limites de nos connaissances. Par définition, la « singularité » ne peut se penser. La divergence ne peut se programmer. Lorsqu'on lit attentivement le programme des activités de la Singularity University, on s'étonne de n'y trouver en fait que des annonces de laboratoires et de séminaires d'experts reconnus en médecine, en économie ou en urbanisme, qui font certainement preuve d'excellence et d'esprit d'innovation, mais ne sauraient diverger des modes de pensée actuels. Ils développent des déductions linéaires audacieuses, mais ne créent pas des sens nouveaux. On peut être déçus, mais on ne devrait pas s'étonner, finalement, de la banalité des pensées et des recherches prospectives considérées.

Le nom même de l'université en question est peut-être une heureuse trouvaille promotionnelle, mais c'est un concept absurde. Si je prends à la lettre le concept de singularité, ce devrait être une université pensée et animée par des robots combinant des intelligences artificielles que le cerveau humain serait incapable de pénétrer. Comme dans les films de science-fiction, on observe que notre imaginaire futuriste s'épanche le plus souvent dans l'archaïsme. Les figures des cyborgs évoquent Hercule et les Titans. Le Bien et le Mal se partagent un univers élémentaire. Toutes ces innovations techniques sortent d'un sac à surprises. Des serpentins, des bonbons, du savon à bulles, des baguettes magiques, des pierres à feu, des paillettes et des étoiles de toutes les couleurs. Tout sauf une divergence.

## La mondialisation

J'ai gardé pour la fin de cette série de fausses divergences la plus insidieuse de toutes : la célébration de la mondialisation. Il est évident que l'écologie traverse les frontières, que nous développons une conscience planétaire et que nos économies locales comme nos systèmes bancaires sont de plus en plus soumis aux équilibres et déséquilibres d'un écosystème mondial. Cela s'accentuera certainement de plus en plus. Voulez-vous du Coca-Cola ? Non merci. Je préfère le Pepsi. Voulez-vous un blue-jean fait au Texas, au Bangladesh ou en Thaïlande ? Préférez-vous voir le dernier film de Batman ou le nouveau Disney ? Ce n'est pas de cette mondialisation-là qu'il y a lieu de douter, pour le meilleur et surtout pour le pire. Quant à y voir une divergence majeure et irréversible de notre époque – un lieu commun qui se répand –, il y a là une sérieuse erreur de vision. En fait de divergence, nous assistons plutôt à la généralisation planétaire du capitalisme et à son triomphe comme pensée unique.

Voyons ce qu'il en est. Notre interprétation de la planète et notre sensibilité deviennent bipolaires.

Plus nous constatons la réalité de la mondialisation prônée et développée par l'économie néolibérale, plus nous nous soumettons à l'impérialisme commercial, culturel, juridique et militaire des États-Unis, et plus nous nous tournons vers nos enracinements locaux, la défense de nos identités culturelles, le souci de protéger nos valeurs et nos patrimoines régionaux. L'essor de la mondialisation est proportionnel à la défense de nos différences, comme en témoigne la Déclaration universelle de l'UNESCO sur la diversité culturelle (2001). En fait, plus la force de la mondialisation s'impose, plus le désir de préserver nos spécificités locales prévaut.

L'économie nous soumet aujourd'hui à une logique planétaire qu'on pourrait juger violente. Les entreprises multi- ou transnationales luttent contre les prétentions des États à défendre des particularismes nationaux, qu'ils soient industriels, commerciaux, juridiques ou culturels. L'économie mondiale ne veut pas d'exception. Sous la houlette des États-Unis, selon la loi du plus fort, elle exige que la planète devienne un vaste marché domestique, où elle pourra partout exporter et exploiter sans empêchement. Elle protège l'enrichissement des riches en tolérant, voire en défendant les paradis fiscaux qui permettent l'évasion fiscale au détriment des classes moyennes et des plus pauvres. Elle impose en Europe, en Chine, en Inde, en Afrique le consumérisme comme une valeur universelle et prétend vouloir ainsi le bonheur de tous. Elle saccage l'environnement et sape le développement durable au nom de l'enrichissement immédiat. L'Organisation mondiale du commerce, les réunions du G20 et du G8, la domination de l'OTAN, le modèle financier ultracapitaliste que prétend imposer le FMI à tous les pays, même ceux n'ont pas les moyens de vivre sous la loi du dollar : voilà autant de formes que prend la réalité, incontestable, de la mondialisation. Certes, elle prétend aussi se justifier par des vertus, celles d'imposer la démocratie et d'exiger le respect des droits de l'homme, des entreprises théoriquement admirables qui servent le plus souvent d'écran de fumée pour cacher ses turpitudes réelles.

Mais pour autant, cette mondialisation-là n'a pas bâti sa légitimité. L'économie ultralibérale et la finance ne peuvent pas constituer une rationalité sociale, ni locale, ni internationale. C'est là une mondialisation exclusivement mécanique. On ne peut pas supprimer les spécificités sociales au nom du néolibéralisme et des traités de commerce internationaux. Cette mondialisation ne parviendra jamais à imposer sa vision de l'humanité comme une masse universelle de consommateurs atomisés et manipulables à merci. Les solidarités organiques demeurent qui résistent et ne sont pas solubles dans la doxa économique parce qu'elles sont des enracinements d'une tout autre nature. Ces solidarités organiques ont des racines profondes dans les mythes fondateurs de chaque peuple. Les imaginaires sociaux qui les nourrissent prévalent sur les mécaniques superficielles et temporaires, qu'elles soient commerciales, impériales ou militaires. Même le lavage de cerveau des régimes dictatoriaux ne parvient pas à les détruire, tant ils sont profondément inscrits dans les imaginaires sociaux. On peut vendre des congélateurs aux Inuits qui vivent dans les régions arctiques. Cela n'atteint pas la conscience de leur différence irréductible, et le dialogue interculturel se fonde sur d'autres valeurs que la mondialisation économique et technologique.

Entre les deux pôles de la cosmogonie sociale que constituent les idées de mondialisation et de diversité, nous rencontrons toutes sortes de positions plus ou moins confuses : nationalisme et multiculturalisme, communautarisme, tribalisme et cosmopolitisme, dialogue interculturel et choc des civilisations. Le nationalisme est ambivalent, entre la défense légitime et pacifiste de la spécificité culturelle d'un peuple colonisé et, à l'opposé, une volonté agressive d'affirmation conquérante. Les effets pervers du multiculturalisme et du communautarisme sont de plus en plus communément admis. Le tribalisme est un concept qui ne correspond pas à grand-chose aujourd'hui dans les sociétés occidentales, même s'il a été mis à la mode par les penseurs postmodernes. Au moins semble-t-il indiquer une nostalgie des particularismes de groupe, des communautés. Le cosmopolitisme s'observe quant à lui dans plusieurs grandes métropoles ou carrefours commerciaux. Son ressenti est électrique, dynamique, mais de contact superficiel. Le « choc des civilisations » déclaré par Samuel Huntington est une arme de guerre américaine conçue avec la peur binaire du terrorisme. Et le dialogue interculturel, enfin, est la chose la plus désirable, féconde et difficile qui soit. Il n'est incarné individuellement qu'exceptionnellement, mais il se concrétise lentement dans les échanges collectifs de cultures en contact, lorsqu'elles ne sont pas en compétition politique et territoriale.

La mondialisation est un rêve de gens d'affaires nord-américains, qui peut tourner au cauchemar des peuples. Mais la multipolarisation en émergence sur la planète n'en sera pas contaminée au point de réduire la diversité des mythes, des cultures et des valeurs que nous apprenons aujourd'hui, face au danger, à revaloriser. Bien au contraire sans doute. La mondialisation qu'on nous chante aujourd'hui a déjà été celle du prosélytisme chrétien ou musulman et du colonialisme. Elle est l'exemple même d'une fausse divergence.

# 3

# LES DIVERGENCES DU FUTUR

## La divergence scientifique

Ce n'est pas par adaptation et sélection naturelle que Copernic et Galilée ont révolutionné la cosmologie, que Giordano Bruno a maintenu ses idées hérétiques au pied du bûcher, et qu'aujourd'hui, nous avons inventé le numérique. La dépendance de la science actuelle aux ordinateurs n'est plus à démontrer. Nous travaillons sur l'invisible, traduit en fichiers numériques, qu'il s'agisse de corps célestes ou de génétique. Jadis basée sur l'observation et l'expérimentation physique, la science d'aujourd'hui programme et construit ses objets d'études sur des écrans. Elle s'est dématérialisée, en ce sens qu'elle ne manipule plus de la matière, des forces, des champs magnétiques, des électrons, des molécules et des tissus vivants, mais des informations traduites en code binaire et affichées en fausses couleurs. Elle tend à mêler, voire à confondre de plus en plus l'informatique et la vie, sous le nom de bio-informatique. Ne parle-t-on pas d'ailleurs couramment de virus et de contamination virale en informatique ? De même, la physique et l'astrophysique sont désormais entièrement médiatisées par les langages virtuels. L'univers est interprété comme un système complexe d'algorithmes. Dieu, le grand informaticien de l'origine du monde ? On le dit à la blague. Mais ce sont désormais plutôt nos chercheurs qui programment et qui modélisent. Ils combinent, ils inventent, ils imaginent les objets qu'ils étudient! On pourra parler de programmation scientifique, ou de génétique virtuelle, au sens où nous générons des objets numériques et en programmons le développement et les actions.

On a souvent répété que l'homme ne pourrait jamais recréer artificiellement la vie. Pourtant, la revue *Science* de janvier 2008 a annoncé que l'Institut Craig Venter, au Maryland, avait réussi à créer une bactérie de synthèse reproduisant la plus petite parcelle de vie connue, le *Mycoplasma genitalium*. On parle alors d'« un organisme de synthèse autonome, qui peut croître et se reproduire ». Est-ce déjà le commencement de la vie artificielle? Ou plus modestement, le premier élément d'une « vie synthétique » ? Quelle est la différence? C'est la complexité qui distingue une bactérie rudimentaire de la vie humaine, la même qui fait la différence entre une brique et un édifice. Est-ce une différence radicale, ou seulement une affaire de degré? Allons-nous alors créer un jour un homme synthétique, ou du moins une première cellule synthétique susceptible de se multiplier et de donner naissance à un être humain synthétique? Cela ne paraît plus impensable. Pour le moment des scientifiques hollandais ont inventé un steak de bœuf fait à partir de cellules-souches en reproduction, à 500 $ le kilo. Cela pourrait permettre de fournir des protéines aux populations démunies, nous dit-on.

Les cellules synthétiques remplaceront-elles bientôt les fameuses cellules-souches, mettant fin à un grand débat d'éthique? Voici justement un nouveau débat de société: des compagnies privées de recherche génétique obtiennent déjà des brevets de propriété sur le vivant. Des questions absolument inédites se posent, et la moindre n'est pas la possibilité de faire du couper-coller génétique, de la « génétique virtuelle » ouvrant la porte à l'eugénisme, mais aussi à la fabrication d'organes de remplacement. Ou à des espèces nouvelles et à des chimères. Et on nous annonce – dans un grand élan d'ingénierie imaginaire – l'arrivée prochaine d'androïdes esclaves ou soldats.

Il y a d'autres domaines dans lesquels la dérive numérique devient évidente et nous alerte sur les conséquences possibles du changement de paradigme qui nous fait passer de la science moderne basée sur l'observation expérimentale à une science que nous appellerons futuriste, proche de la fiction, une science programmatique basée sur la construction spéculative de ses objets. Ainsi, nous savons bien que le vote électronique, s'il était généralisé, donnerait trop facilement lieu à des manipulations informatiques dans nos démocraties. Si nous évoquons l'économie imaginaire, l'i-économie, nous pensons aux dérapages que permet la programmation financière, lorsqu'elle est confondue avec la spéculation boursière. Nous avons vu des courtiers fabriquer des fichiers informatiques de numéraire fictif et les déplacer dans le Monopoly bien réel des transactions boursières sans qu'il n'y paraisse, jusqu'à ce que l'on découvre les milliards manquants dans les caisses de banques et de gouvernements. Qui nous dit que de tels dérapages, fraudes ou folies ne sont pas possibles dans la science d'aujourd'hui, tellement virtuelle elle aussi ? Il devient possible de créer des modèles numériques de molécules ou de galaxies fictives et de les mêler aux données familières.

La science est désormais une technoscience, asservie aux instruments de l'informatique, qui semblent devenir plus déterminants que « le poids du réel » sur les voies de la recherche. En d'autres termes, nous passons de l'observation à la création scientifique. Une science nouvelle ? Ou une science falsifiée ? On a pu déjà constater quelques scandales, notamment en clonage humain et dans des laboratoires obsédés par la compétition pour les prix Nobel. Mais combien nous échappent ? Quoi qu'il en soit, quelques surprises nous attendent certainement dans l'avenir. Et on ne s'étonnera pas que des artistes et des philosophes soient fascinés par le pouvoir créatif de ces manipulations, par la vie, la nature et l'intelligence artificielles auxquelles la technoscience donne de plus en plus de réalité. Lorsque l'homme sera vraiment capable de créer la vie dans ses laboratoires informatiques, nous aurons franchi une étape irréversible de notre évolution anthropologique. La capacité de création de la science aura dépassé celle de l'art. L'homme pourrait devenir un moteur de l'évolution de la nature, dont il est lui-même une création. L'idée est vertigineuse. La vie artificielle créée par l'homme l'aspire dans un nouveau monde dont le numérique devient une nouvelle dimension, un monde synthétique, notamment en biologie. Dieu est mort, disait Nietzsche. Et maintenant, c'est l'homme qui deviendra le créateur de lui-même. Pouvons-nous faire confiance à cet imaginaire scientifique instrumentalisé par les technologies numériques ? Les divergences qui se réalisent ne sont pas réversibles. La divergence scientifique exige de nous une nouvelle conscience de notre liberté et de notre pouvoir, mais aussi la responsabilité que l'une et l'autre impliquent.

## La divergence technologique

Le physicien Pierre-Gilles de Gennes aimait rappeler ce mot d'Édouard Brézin : « Ce n'est pas en perfectionnant la bougie qu'on découvre la lumière électrique. » Pensons aux grands acteurs de la divergence humaine. Je garde un souvenir inoubliable de ma rencontre avec « Buzz » Aldrin en 1995. Il fut le deuxième homme à marcher sur la Lune, le 21 juillet 1969, quinze minutes après Neil Armstrong. Cette épopée fut possible grâce à la nouvelle puissance des ordinateurs. Ce succès n'aurait pas pu être obtenu sans le code binaire de l'informatique. Et quel succès ! Nous n'en avons pas connu de plus spectaculaire dans toute l'histoire de l'humanité, ni avant, ni depuis, sauf peut-être avec Voyager 1. Lancée en septembre 1977, voici plus de trente-cinq ans, cette sonde spatiale a parcouru près de 19 milliards de kilomètres. On sait qu'elle a franchi en 2004 le « choc terminal », où le vent solaire se calme brutalement, pour entrer dans l'héliogaine. Elle continue à nous envoyer de l'information et nous savons qu'elle sort déjà du système solaire en traversant l'héliopause, et qu'elle accédera à l'espace interstellaire. Voyager 2 a été envoyée un mois plus tard dans une autre direction pour explorer les autres planètes solaires. Et elle nous envoie une masse de nouvelles informations. Oui, nous sommes réellement devenus des explorateurs du cosmos.

On pourrait affirmer de façon à peine excessive que l'outil, puis ce qu'on appelle la technologie, ont été le déterminant principal de l'évolution de notre espèce, et qu'en regard du progrès de la technologie, les grands événements de l'histoire humaine, les révolutions, les guerres, les changements d'hégémonies n'ont été globalement que des effets secondaires. La machine a été l'instrument de notre désir de puissance sur la nature et sur les sociétés. J'ai déjà souligné que Marshall McLuhan est le philosophe qui a le plus mis en évidence le rôle déterminant des inventions technologiques dans notre évolution. Qu'il s'agisse de la roue, des chaussures, des étriers pour monter à cheval, des machines de guerre, du pistolet, des lunettes, de l'imprimerie, du crayon, du ballon dirigeable, de l'avion, de la mitraillette ou des médias électroniques, toutes ces innovations que McLuhan a qualifiées à juste titre de « prolongements technologiques de notre corps », ont eu, selon lui, plus d'impact sur notre évolution que les idées. Mieux, ce sont ces innovations technologiques mêmes qui ont changé nos idées ! McLuhan le démontre amplement en ce qui concerne la presse de Gutenberg. Décrivant et analysant les médias de communication, il a su montrer non seulement comment ceux-ci ont transformé nos sociétés comme jamais auparavant, mais aussi comment ils ont créé un nouvel écosystème et même une « nouvelle nature ». Que ne dirait-il pas aujourd'hui du numérique qui a envahi notre espace collectif et nos vies privées !

Cette démonstration mcluhanienne sera de plus en plus reconnue dans notre histoire. Il convient à cet égard, malgré les erreurs que j'ai soulignées, de situer McLuhan parmi les grands. Descartes a écrit que l'homme devait se rendre maître et possesseur de la nature ; McLuhan affirme quant à lui que ce sont les inventions technologiques qui sont le moteur de notre évolution. Les idées de Darwin étaient une provocation inacceptable pour les croyants en « Dieu le créateur tout-puissant ». Beaucoup les rejettent encore. De même, l'affirmation de McLuhan a d'abord été reçue par les humanistes européens, qui croient avant tout à l'importance des idées, comme une provocation vulgaire. On ne pouvait tomber plus bas aux yeux des intellectuels héritiers de Platon et d'Hegel. Et McLuhan a payé le prix fort pour ce matérialisme par trop démystificateur. On l'a accusé d'être un mauvais intellectuel nord-américain, un fétichiste de la technologie, alors que ce penseur canadien était aussi un grand connaisseur de la littérature.

Pourtant, aujourd'hui, force est d'admettre que la philosophie matérialiste s'impose contre la tradition idéaliste. Force est de reconnaître aussi, à moins de verser dans le créationnisme, que la technoscience bouleverse notre évolution. Il est difficile, par exemple, de nier que le numérique change nos idées, nos valeurs, nos structures sociales, nos comportements collectifs, nos vies privées, nos cultures, notre cosmogonie, nos imaginaires et nos émotions.

Il faut donc rendre hommage à la pensée divergente de McLuhan.

## La puissance de divergence du numérique

Le numérique a révolutionné notre puissance cognitive et instrumentale. IBM a développé un superordinateur, Watson, capable, nous dit-on, de répondre en langage naturel à toutes les questions qu'on lui pose. Le numérique n'était encore il y a quelques décennies qu'une affaire de spécialistes, un domaine réservé de la recherche militaire la plus secrète. Il s'est étonnamment répandu, banalisé depuis. Près de 40 % de l'humanité sera bientôt connectée à l'internet. Depuis 1995, le Web s'est répandu comme un tsunami numérique sur la planète.

C'est le 2 septembre 1969 qu'est né ce qui deviendrait l'internet. En fait, ce n'était alors encore qu'une communication laborieuse et limitée entre deux ordinateurs reliés par un câble de 4,50 m de longueur, à l'Université de la Californie à Los Angeles. Puis on a allongé les distances en reliant des ordinateurs situés aux universités de Stanford, de Santa Barbara et de l'Utah. On peut discuter des dates, mais il faut souligner le rôle de Joseph Licklider, du MIT, qui eut la vison de l'importance des futurs réseaux de communication. On doit citer aussi Leonard Kleinrock, qui théorisa dès 1961 la commutation et la transmission d'informations par « paquets », ainsi que Paul Baran et Douglas Engelbart dont nous allons reparler. Ce fut une histoire militaire autant qu'universitaire, comme le rappelle la signification d'Arpanet, créé par la Defense Advanced Research Projects Agency (DARPA) pour assurer la sécurité de ses communications en temps de guerre grâce à un réseau décentré et multipolaire, qui deviendra notamment le MILnet (*military network*).

Voilà 60 ans aussi que Douglas Engelbart a inventé au Stanford Research Institute la fameuse souris dont nous nous servons encore aujourd'hui pour déplacer le curseur sur nos écrans. C'était un mécano élémentaire dans un boîtier en bois. Il ne reçut aucun dividende financier de son invention, mais le Stanford Research Institute vendit le brevet à Apple, qui a donné à ce petit rongeur l'exposition que l'on sait.

Aujourd'hui, à peine deux générations plus tard, alors que plus d'un milliard d'ordinateurs sont connectés à l'internet, et encore beaucoup plus de téléphones intelligents, il est bon de rappeler que c'est avec un câble de quelques mètres que tout a commencé. De « petites » inventions peuvent avoir un impact immense sur toutes nos activités humaines en quelques décennies. C'est là un trait qui caractérise l'évolution de notre espèce et qui connaît à notre époque une accélération manifeste.

Les technologies numériques nous permettent de développer de nouveaux paradigmes, une nouvelle nature, une nouvelle technoscience, et de requestionner toute la philosophie occidentale. Nous passons de la domination de la biosphère à des utopies numériques de conception humaine. Je ne suis certes pas de ceux qui proposent de généraliser la loi de Moore (la puissance, la mémoire et la vitesse de nos ordinateurs doublent tous les dix-huit mois) à l'évolution humaine. Mais le numérique prend manifestement la place de la Nature aussi bien que celle de Dieu dans notre conception de l'avenir.

Devons-nous pour autant mettre une majuscule au Numérique et en faire une nouvelle religion, comme plusieurs gourous nous y invitent ? Les mythes qu'il réactive – puissance, interactivité participative et communion, nuagisme, initiations, rituels, etc. – nous y invitent aussi. La publicité de la compagnie Apple, sous la gouverne de Steve Jobs, en a exploité tous les ressorts, jusqu'à faire de la pomme de la connaissance son logo. Ces grandes transnationales du virtuel – Samsung, Microsoft, Intel, Google, etc. – sont devenues les hôtes d'un Olympe numérique, les dieux fondateurs de la nouvelle humanité. Et nous avons hypostasié le numérique, inventant un monde virtuel qui ne relève plus du « potentiel » d'un ensemble de fonctionnalités programmatiques, mais constitue un écosystème en soi, un monde parallèle, ou plutôt alternatif, plus désirable, plus intelligent, une *hyperréalité*. Nous avons réactivé le mythe de la caverne opposant un monde d'*eidos*, supérieur et plus vrai, à la vallée de misères où nous sommes enchaînés. Mais que Dieu nous garde des religions et de leurs faux prophètes, même s'ils sont célébrés à l'envi par l'époque. Les êtres humains ont toujours tendance à renoncer à leur liberté de pensée pour s'en remettre à une intelligence supérieure, qu'elle soit naturelle, divine, ou aujourd'hui numérique, et à s'y soumettre.

Cela tient sans doute au fait que le numérique acquiert à un rythme accéléré un pouvoir d'interprétation et de transformation de l'univers totalement inédit. Nous sommes passés de la chasse et de la cueillette à l'agro-industrie, de l'exploitation des ressources naturelles à la modélisation numérique, du naturel à l'artificiel, de l'idée d'adaptation à celle de la divergence. Nous nous rendons réellement, selon les mots mêmes de Descartes, qu'il faut désormais prendre à la lettre, « maîtres et possesseurs » de la nature. Et nous n'agissons même plus sous le regard du Dieu providentiel auquel Descartes croyait encore, mais sous notre seule responsabilité humaine. C'est là véritablement une nouvelle révolution copernicienne.

## La divergence cosmogonique

L'univers n'est plus œuvre divine, ni corps vivant, ni horloge suisse, ni jeu de hasard de la matière et de l'énergie. Nous avons changé de paradigme pour interpréter et transformer le monde, qui est devenu un hypertexte. Nous sommes passés à la technoscience. Nous interprétions le monde des esprits avec des magies, celui des dieux avec des religions. Et le recours à l'informatique en science a logiquement abouti à la découverte d'algorithmes qu'on pourrait qualifier de *naturels*, de ce que j'appelle *la nouvelle nature*, comme s'il existait réellement dans la nature des algorithmes physiques, biologiques, génétiques, que nous pourrions déchiffrer avec nos ordinateurs. Toute découverte, toute invention est nécessairement de même *nature* que l'appareillage dont se sert le scientifique. Et les outils informatiques découvrent nécessairement une cosmogonie numérique. Avec la prochaine génération d'outils, nous en découvrirons sans doute une nouvelle. Mais pour aujourd'hui, donc, Dieu est encore le Grand Informaticien de l'univers.

La vie relève désormais aussi d'un code à quatre lettres (A, C, G, T) qui indique les quatre acides nucléiques de base ou nucléotides constituant l'ADN du noyau de la cellule, et que nous retrouvons universellement dans toute vie. Voilà donc, dit-on désormais, *le livre de la vie*. C'est l'ARN, l'acide ribonucléique, qui lit et transmet l'information génétique de l'ADN par paquets de trois lettres : les triplets. Nous avons donc recours directement à la métaphore non seulement de l'alphabet, mais aussi de la lecture. L'âge du numérique fait de nous de nouveaux lettrés !

L'ARN *traduit* et indique à quel acide aminé (il y en a vingt en tout) doit correspondre chacun des soixante-quatre triplets possibles qu'il rencontre le long de la chaîne de bases nucléiques. C'est de cette combinaison que résultera la constitution de chaque protéine du génome. Or, des chercheurs de l'Université de Cambridge ont récemment mis au point un lecteur alternatif à l'ARN, qui constitue non plus des triplets de base nucléiques, mais des quadruplets, c'est-à-dire des paquets de quatre lettres, qui offrent dès lors non plus soixante-quatre combinaisons possibles d'acides aminés, mais, selon la simple arithmétique, 256 combinaisons.

L'informatique génétique, jouant ainsi dans le Grand alphabet de la vie, permettrait alors de créer de nombreux nouveaux modèles de cellules vivantes, dont on pourrait espérer – si ces combinaisons à quatre lettres se révèlent stables – non seulement des chimères ou génomes imaginaires, mais aussi des bactéries utiles dans l'industrie des matériaux intelligents, en thérapeutique écologique, en médecine humaine, etc. Si cette découverte se confirme, nous allons pouvoir écrire des romans génétiques et inventer, comme en science-fiction, non plus la vivisection, mais la vie-fiction. Voilà un nouvel alphabétisme pour le XXIe siècle. En espérant que nous apprendrons le bon usage du langage génétique, sa grammaire et sa syntaxe, que nous serons bons écrivains de la vie et que le diable ne s'en mêlera pas. Demain, c'est l'homme qui, accédant à l'alphabet même de la vie, deviendra un dieu créateur !

## La divergence humaine

La croissance démographique, qui a été maintes fois un facteur de désordre, voire de guerres et d'épidémies, est toutefois demeurée lente pendant des millénaires, en comparaison de son explosion moderne. Nous n'étions encore que deux milliards et demi d'êtres humains au début du XX^e^ siècle. Mais en un siècle, l'espérance de vie a doublé, tandis que la population mondiale aura bientôt quadruplé. Un choc démographique d'une telle ampleur ne peut manquer d'entraîner des mutations écologiques et civilisationnelles radicales. Une telle divergence dans l'évolution de l'espèce provoque inévitablement un choc planétaire.

Et ce n'est pas tout. La conscience que l'humain a de lui-même est elle aussi en pleine mutation. La science actuelle tend à construire un modèle numérique total de l'individu, incluant son identité génétique, civile, sa physiologie, ses pathologies et ses thérapies, son profil psychologique, fiscal, sa trace carbone, ses habitudes de consommation, son style de vie, ses valeurs, ses idées, sans oublier le danger qu'il peut éventuellement représenter. Ajoutons encore les algorithmes de gestion politique, économique et sociale de la population et l'analytique du Big data... Nous modélisons l'homme pour l'interpréter et l'instrumentaliser : je suis devenu un homme algorithmique.

L'âge du numérique dans lequel nous entrons, et dont nous ne percevons encore que les prémices, confirme aussi l'émergence de ce qu'on appelle depuis peu l'Anthropocène : l'âge de l'homme. Il marque le début de l'expansion rapide de l'espèce humaine et de son nouvel impact terrestre. Le terme a été proposé par Andrew Revkin en 1992, puis repris et institué par Paul Crutzen et Eugene Stroemer en 2000. Il signifie que notre planète porte désormais la signature de l'espèce humaine. Notre espèce la transforme plus que ne le font la géologie et tous les autres déterminants traditionnels de la nature elle-même.

Par là, on n'évoque pas seulement le dangereux réchauffement de la planète dont nos activités humaines sont manifestement responsables, au moins pour une part importante, car de tels changements climatiques ne sont pas nouveaux en soi. La Terre a déjà connu des bouleversements physiques – météorologiques et géologiques – majeurs. Mais c'est désormais le choc du numérique qui signe de plus en plus profondément notre empreinte humaine sur le globe terrestre.

CyberProméthée n'est plus seulement le Titan qui a volé le feu à Zeus pour le donner aux hommes et rivaliser avec les dieux. Sa victoire actuelle – et tous les risques que nous encourons avec elle – est numérique. Nous ne nous contentons plus de maîtriser la puissance de l'éclair. Nous repensons Zeus. C'est en ce sens que j'ai écrit *Nous serons des dieux* en 2006. L'Anthropocène ne légitime vraiment l'audace de son nom que depuis qu'il est devenu numérique. Nous voyons émerger une Terre plus *intelligente.* Voilà le constat nouveau qui n'a pas encore été admis par les anthropologues, mais qui va bientôt s'imposer comme une évidence.

## L'homme devient un réseau pensant

Si, parodiant Blaise Pascal, j'écris que l'homme est un réseau pensant, je change en fait totalement de paradigme. Je passe d'une cosmogonie religieuse et individualiste à une cosmogonie technologique où l'homme se situe au carrefour des réseaux numériques dont il reçoit les informations qui le déterminent, mais où il est aussi producteur et synthétiseur d'idées. L'homme perd de son unicité psychologique et spirituelle, mais enrichit sa conscience d'innombrables informations qui l'irriguent, comme une sève numérique. « Je est un autre », disait Rimbaud, et cela devient plus réel dans la cosmogonie actuelle, qui substitue au mythe de la profondeur (de l'inconscient) celui de la surface (médiatique), et à celui du monothéisme (centré), celui des réseaux sociaux (l'indivision afocale). Cette évolution est générale et marquante, puisqu'on la retrouve aussi dans l'histoire moderne de la peinture, où l'on observe depuis Matisse l'abandon de la construction de l'espace pictural en perspective avec point de fuite unique de la Renaissance et l'adoption de la composition sans profondeur en arabesque configuratrice.

Cette cosmogonie de racine grecque, polythéiste et prométhéenne, l'emporte donc aujourd'hui sur la cosmogonie biblique. Et l'homme lui-même change aussi beaucoup. De victime, chassé par Dieu du Paradis terrestre, donc déchu et soumis, il devient le vainqueur de Dieu, le créateur de son propre univers, grâce à la nouvelle puissance – humaine et non plus divine – qu'il tire de la science et de la technologie. L'homme qui se voit comme un réseau pensant, comme un hypertexte vivant, traite les informations qu'il capte et les transforme en idées créatrices. L'hypertexte humain devient planétairement interactif.

C'est en abusant de cette idée que plusieurs ont lancé le concept d'« intelligence collective », suite aux réflexions de Douglas Engelbart (l'inventeur de la souris) dans *Augmenting Human Intellect: A Conceptual Framework*. Il me semble qu'il est plus pertinent de parler seulement d'une « intelligence connective » ou « partagée » pour désigner cette possibilité d'une intelligence individuelle mieux informée et donc plus productrice et performante, grâce à un accès aux connaissances démultiplié par les liens numériques. Donner à l'intelligence plus de ressources pour s'exercer, ce n'est pas augmenter une prétendue intelligence humaine diffuse comme une aura autour du globe. Je ne suis pas de ceux qui invoquent une noosphère voire un cortex planétaire virtuel qui envelopperait la Terre comme une couche supplémentaire d'atmosphère. Cette aura n'existe pas. C'est le jeu des liens et des échanges interactifs qui favorise l'exercice de l'intelligence individuelle. Il ne faut pas hypostasier ces liens et inventer une intelligence fusionnelle planétaire, même et surtout lorsqu'on veut donner de la crédibilité à une loi de la divergence. Il n'est pas nécessaire pour être démonstratif de fantasmer théoriquement, comme il arrive si fréquemment de nos jours aux enthousiastes du numériques. Cette ingénuité collective – celle-là bien réelle – nuit même au concept d'intelligence collective dont on prétend démontrer l'existence.

Car les exemples d'intelligence connective sont souvent spectaculaires. Ainsi, nous recourons de plus en plus souvent à Wikipédia, l'encyclopédie populaire en ligne du XXI$^{e}$ siècle. Le succès phénoménal de cette œuvre coopérative, initiée en 2001 et qu'on aurait pu juger de prime abord hasardeuse, est un véritable symbole des vertus du Web et d'une certaine démocratisation participative du savoir. Les statistiques affichées par Wikipédia précisent que l'encyclopédie est alimentée chaque jour par plus de cent mille contributeurs, qu'elle reçoit chaque mois près de 480 millions de visiteurs et qu'elle propose plus de 21 millions d'articles dans plus de 270 langues. Le site ajoute : « Plus de 8000 articles sont créés chaque jour sur les différentes versions linguistiques de Wikipédia et on compte plus de 12 millions de modifications par mois. » Cette encyclopédie n'émane pas vraiment de la population générale, car ses rédacteurs bénévoles sont le plus souvent des experts. Mais elle fait le lien entre culture savante et populaire, incluant l'actualité économique, entrepreneuriale, aussi bien qu'artistique et politique. Elle ne crée pas du savoir, elle le communique. Il reste que, selon une étude réalisée en 2012 par une société de conseil et l'Université d'Oxford, sur un échantillon de 22 articles scientifiques en anglais, en espagnol et en arabe, elle égalait et même dépassait en qualité les articles publiés sur les mêmes sujets dans la fameuse

*Encyclopædia Britannica,* ce qui est extrêmement flatteur.

Et Wikipédia a des caractéristiques absolument inédites et révolutionnaires. Elle est participative : chacun peut y contribuer directement et convivialement, sans aucune difficulté technique. Plus extraordinaire encore : les contributeurs, venus de tous les domaines d'activité humaine, ne sont pas sélectionnés par un comité éditorial ; ils sont spontanés et même anonymes. Et ils ne sont pas rémunérés. Ils sont motivés par l'excitation d'une aventure qui relève de l'intelligence partagée. La plupart des collaborateurs agissent par pur dévouement aux savoirs de notre temps. L'encyclopédie est donc en processus constant d'extension et d'autocorrection en ligne, en d'innombrables langues simultanément. En ce sens, Wikipédia est exemplaire. C'est un rêve qui se réalise sous nos yeux quotidiennement au bénéfice bientôt d'un demi-milliard d'usagers.

Basée sur le logiciel *wiki,* symbole du Web 2.0 des plateformes collaboratives, elle est d'accès gratuit et a adopté une convention *copyleft* : un renoncement modulé au copyright, instauré comme licence publique générale GNU. Cette licence exige le respect des propriétés intellectuelles existantes, mais crée pour de nouveaux objets culturels une propriété intellectuelle commune, publique et librement consentie. Elle autorise toute reproduction de ses articles, ses rédacteurs ne prétendant à aucune propriété intellectuelle.

Il faut souligner le mérite utopiste des initiateurs du site, Larry Singer et Jimmy Wales, et reconnaître la paternité spirituelle du projet à Richard Stallman, un programmeur du logiciel libre et promoteur du *copyleft.* Stallman a déclaré à plusieurs reprises : « Je puis expliquer la base philosophique du logiciel libre en trois mots : *liberté, égalité, fraternité.* Liberté, parce que les utilisateurs sont libres. Égalité, parce qu'ils disposent tous des mêmes libertés. Fraternité, parce que nous encourageons chacun à coopérer dans la communauté. »

Wikipédia a multiplié les innovations, tant informatiques que financières, éthiques, juridiques, pédagogiques, sociologiques et politiques. La transparence que revendique le projet a ses limites, car on a pu observer des tensions entre ses créateurs, et des cas d'escroquerie et du lobbying ont été relevés. C'est humain. Le principe de l'anonymat favorise cette dérive, de sorte que l'équipe de Wikipédia est amenée à pister certains de ses auteurs particulièrement actifs et à leur interdire éventuellement l'accès au site collaboratif. Et étonnamment, une certaine autodiscipline collective au cœur du système Wikipédia finit généralement par l'emporter, par consensus et grâce à des contributeurs bénévoles assez actifs et attentifs, qui protègent le projet au quotidien. D'ailleurs, on trouve aussi des abus dans les encyclopédies traditionnelles soumises à des politiques éditoriales qui prétendent pourtant à la rigueur absolue. Ces défauts, au fond marginaux par rapport à la totalité des articles de Wikipédia, ne sauraient en aucun cas suffire à dénigrer la beauté de l'entreprise humaine et la réussite du projet. Wikipédia est l'exemple même de la puissance et des vertus de l'intelligence connective, dont on voudrait espérer qu'elle soit de plus en plus partagée.

## La migration vers les archipels du cyberespace

La ville lumineuse s'oppose à l'obscurité rurale comme les écrans du Web aux immenses territoires non connectés du monde. À bien des égards, les discours flamboyants sur le cybermonde font penser au célèbre film de Fritz Lang de 1927, *Metropolis*, avec sa puissance mythique et son utopie salvatrice des cœurs. Dans la série répétitive des grands rêves humains, on parle actuellement de la révolution du numérique dans des termes équivalents à ceux de Lewis Mumford, lorsqu'il présentait dans les années 1960 la révolution urbaine comme un changement radical de notre civilisation.

Le Web peut être pensé comme une excroissance de la ville, à condition de ne pas l'identifier à l'idée du « village global » mcluhanien, qui est contredite par les mille fractures sociales et culturelles de notre planète. Le Web lui-même n'est unitaire qu'en apparence. Il est en fait chaotique et présente d'innombrables zones obscures. Il est soumis à d'incessantes tensions et luttes, comme les sociétés réelles qui le construisent. On y trouve des empires, des féodalités, des marges criminelles. Il n'y a pas un, mais des espaces virtuels, un archipel de cyberespaces. D'ailleurs, ces nouveaux territoires numériques sont, comme les villes actuelles, tentaculaires dans leurs croissances désordonnées, avec leurs *suburbs* et leurs « *exurbs* », comme on appelle désormais les banlieues excentriques centrifuges. Cela n'empêche pas de penser le Web comme un hypertexte planétaire, car les tensions sont aussi des liens, souvent encore plus intenses et actifs que les liens ordinaires.

La ville comme le Web font peur, ou font rêver ceux qui n'y sont pas et voudraient y accéder, y trouver la fortune ou l'amour. Dans les deux cas, l'utopie technologique suggère un pouvoir magique. Le cybermonde est, comme la ville, un lieu d'information, de publicité, de communication, d'échange et d'interactivité, un espace communautaire et libertaire de nomadisme, d'excitation, de plaisirs, d'euphorisation, de pouvoir, d'abondance. Le Web, comme la ville, secrète un style de vie qui reflète une socialité sophistiquée. Et l'un et l'autre créent aussi une dépendance et des apartheids, des liens et des solitudes. Tous deux constituent, enfin, des environnements d'où la nature est évacuée, et qui se développent comme de nouveaux écosystèmes.

On peut affirmer que l'avenir du Web s'annonce de plus en plus comme un incontournable archipel de lieux de création et de communication en complémentarité avec les villes. Et nous verrons certainement à l'avenir l'humanité migrer de plus en plus vers les cyberespaces, comme elle a quitté les campagnes et répondu à l'appel irrésistible des métropoles urbaines depuis le XIX$^{e}$ siècle.

# 4

# L'ÉMERGENCE D'UNE NOUVELLE NATURE

## Les sociétés écraniques

Notre image du monde a considérablement évolué depuis le paysagisme impressionniste. En reprenant la critique des situationnistes, on pourra souligner qu'avec le Web, nous passons de la société du spectacle à l'étape suivante, plus extrême, celle de la société écranique. On pourrait soutenir que le monde n'est fait que d'écrans. Instruments de notre nouvelle puissance ubiquiste ou d'un monde schopenhauerien comme jeu et comme représentation, les écrans de notre temps, dans toutes les variations de leurs couleurs artificielles, dans leurs fonctions interactives et leurs déréalisations, nous aspirent dans les espaces numériques. Apparences qui nous cachent la réalité, ou rectangles de lumière qui la modélisent, la projettent et lui donnent des significations symboliques nouvelles, les écrans déclinent toutes les métaphores de notre image du monde et nous donnent accès à un ailleurs virtuel. L'écran devient un média en soi, comme la radio ou le téléphone. On pourrait dire, à la manière de McLuhan, qu'il devient le message. J'ai proposé d'appeler « nouveau naturalisme » ce monde écranique qui nous dévore. On ne saurait sous-estimer la diversité de ses effets:

*Le tout à l'écran.* La philosophie kantienne nous invitait à relativiser notre connaissance, issue de la perception des phénomènes et des formes *a priori* de la sensibilité. La philosophie phénoménologique nous a appris, en suivant la pensée de Husserl puis de Merleau-Ponty, à relativiser encore plus notre rapport au monde, comme l'ont fait aussi les peintres cubistes. Avec eux, notre perception est devenue imaginaire, parce qu'intentionnelle, instrumentale, psychologique, culturelle, sociologique, etc. Nous ne sommes plus dans le dispositif simple d'un observateur qui examine un objet extérieur à lui, mais dans un jeu bidirectionnel, en constante mouvance, l'objet observé étant lié à l'observateur et réciproquement. En d'autres termes, l'objet dépend de l'observateur.

L'application qui nous propose de transformer notre iPhone en miroir, pour se maquiller, par exemple, active une caméra intégrée qui nous regarde et nous filme. L'écran est un miroir humain, social, politique. Le réel s'est dissous simultanément dans les écrans des laboratoires de physique et de biologie, qui n'affichent plus qu'un rendu numérique du réel. Notre connaissance astrophysique actuelle, la plus pointue, la plus instrumentale, se transforme en imagerie scientifique. Les perceptions tactiles ou à l'œil nu n'ont plus de valeur scientifique aujourd'hui. Notre connaissance est produite par des appareillages électroniques et des programmes.

*Le mythe de la surface.* La réflexion impliquait jadis de la profondeur de pensée. La superficialité était une faute de l'esprit. On creusait la vérité, on explorait les arcanes de l'âme. La psychologie elle-même avait établi une topologie des profondeurs, et la psychanalyse freudienne retournait les pierres de nos traumatismes enfouis dans l'obscurité caverneuse de l'inconscient. C'est Lacan qui a fait remonter l'inconscient et la psychanalyse à la surface, comme un plongeur qui donne un coup de talon, réduisant cette épaisseur des couches de la psyché à la surface du langage et des jeux de miroir de la société. Surfant sur la toile de la communication, il s'est intéressé aux *mass media*, où l'esprit dérive comme un bouchon au gré des ondes. Perte de quille, perte de racines, perte de profondeur : pourquoi pas ?

Déréalisation et nomadisme vont de pair, et cumulent leurs effets psychologiques, qui se traduisent en une déchirure dramatique de la conscience qui perd ses repères antérieurs. Non seulement l'homme renonce à l'unité profonde avec le monde dont il jouissait dans les cosmogonies primitives, mais il perd aussi le sens du réel, la gravité qui assurait son équilibre, et les racines d'où il tirait sa sève. Il passe d'une identité psychologique à une identité électronique. C'est cette même apesanteur fantasmatique et vertigineuse qu'on retrouve dans les métaphores du cybermonde, et qui est une sorte de catastrophe ou de précipitation ontologique.

*La survalorisation du monde écranique.* Les écrans de toutes sortes se multiplient dans notre environnement quotidien : montres, compteurs, téléphones, télévisions, cinéma, ordinateurs, bornes publiques, publicité, signalisation, recherche scientifique et médicale, jeux : le réel se décline sur tous les écrans de la vie avec une irrépressible puissance conquérante. Les écrans publics deviennent de plus en plus grands et lumineux, lisibles même en plein soleil. Ils permettent la communication à distance, l'immersion perceptive, la délocalisation de la vie, le nomadisme des messages, la multifonctionnalité des informations, l'hyperréalisme des images et une interactivité quasi magique, qui transforme le monde en un kaléidoscope, en un ensemble fragmenté de détails lisibles du réel, ou à la manière d'un hologramme de transmission, dont tous les fragments contiennent la totalité de l'image.

On dirait que l'humanité est passée de l'autre côté de l'écran, dans la lumière irréelle du miroir numérique, et que les icônes et hyperliens de nos écrans nous ramènent à un monde aussi symbolique que les vitraux du Moyen Âge.

On nous offre aussi des médias enrichis, des réalités augmentées qui acquièrent d'autant plus de densité ontologique qu'ils contiennent plus d'informations. Mais ce serait pourtant une erreur de croire qu'avec la société de l'information, qui est de fait aussi la société de l'écran, nous avons complètement basculé dans le virtuel. Il serait pour le moins présomptueux d'affirmer que le réel est une illusion. Sa résistance à nos désirs et son poids en souffrance humaine attestent du contraire. Nous gardons des attaches avec le réalisme, ne serait-ce que par instinct de conservation. Les écrans sont aussi des pièges à réalité. Ils la braconnent et la zooment.

*La contamination écranique.* Une autre façon de le dire serait d'évoquer une sorte de contamination du réel. De même que la diffusion de masse des cartes postales et des reproductions de paysages impressionnistes a modifié notre perception de la nature (dont on ne soulignera jamais assez à quel point elle est culturelle), nous apprenons à voir le réel à travers les images de nos écrans. C'est le même phénomène qui a donné une coloration animiste ou polythéiste ou maintenant touristique, écologique ou productiviste à notre vision de la nature, selon les cultures, les idéologies et les attitudes humaines, et qui crée aujourd'hui une nouvelle nature.

*L'instrumentation.* Il faut dire que l'écran est aussi devenu un instrument, un dispositif d'interaction, une interface opérationnelle entre la nature et nous. C'est sur les écrans de nos laboratoires que nous modélisons la nature. C'est aussi sur les écrans que nous agissons, en changeant un chiffre ou une information – par exemple, le taux de base d'une banque centrale, la trajectoire d'un missile, la molécule ou le gène que nous ajoutons dans une expérience, etc. L'écran devient alors un tableau de bord. Il est dynamique, on y déplace des objets virtuels ou supposés réels, on y change des paramètres, on y traduit un phénomène en fausses couleurs pour le lire sous divers angles. Il devient un lieu d'expérience, de manipulation virtuelle et de gestion, éventuellement à distance, incluant de plus en plus de dimensions : l'espace, le temps, le mouvement, la mémoire, la narration, et des instruments cybernétiques, tels que les consoles, les joysticks, les bras robotiques, etc.

*L'immersion dans les écrans.* Les artistes numériques ont développé les modalités immersives des écrans, notamment avec les casques de réalité virtuelle, ou dans des cubes ou cavernes (*caves*) de projection « tout écran ». Comme des plongeurs dans l'eau, nous nous déplaçons virtuellement dans des espaces en trois dimensions où les artistes ont créé des écosystèmes hyperréalistes ou oniriques. Et nous éprouvons toutes sortes de sensations et d'émotions de façon très physique, beaucoup plus que ne le permet la frontalité extérieure d'une image.

Les écrans auront donc de plus en plus de présence et de pouvoir dans le monde du XXIe siècle. Il ne faut pas s'étonner alors que non seulement les gestionnaires et les scientifiques en usent et en abusent, mais que les artistes aussi les investissent, comme des espaces imaginaires qui les appellent. Les écrans sont déjà connotés en tant qu'espaces cinématographiques et télévisuels narratifs. Les artistes peuvent en renforcer l'interactivité, mais ils ne peuvent plus en réduire la multisensorialité. L'écran exige l'image en mouvement et le son, autant dire le multimédia. Couper le son de la télévision ou d'une projection cinématographique, c'est déréaliser les images, quasiment les anéantir.

Non seulement les écrans « cannibalisent le réel », selon l'expression de Jean Baudrillard, qui les dénonçait avec une véhémence lourde d'émotion tragique, mais le mouvement en emporte même les images. Il les affiche pour les effacer aussitôt, dans le pétillement de l'instantanéité. La montée en puissance des écrans, dans la mesure où ils remplacent les matériaux inertes, le papier, la toile, a créé un choc dans l'histoire de l'art, une rupture qui pourrait paraître irréversible, mais contre laquelle il faut lutter, car c'est aussi nous-mêmes que les écrans se préparent à emporter dans le flux rapide des pixels, parfois d'une instabilité brownienne. Comme si, pour reprendre les termes de cette mystification étrange en termes plus réels, c'étaient les hommes qui se cannibalisaient eux-mêmes en s'engouffrant dans les écrans qu'ils fabriquent et commercialisent fébrilement.

## Le média, c'est l'événement

Nous assistons à un nouveau phénomène: celui de la multiplication démocratique des téléphones intelligents dotés d'une mini-caméra qui nous permet d'enregistrer n'importe quel fait divers ou inhabituel qui surgit devant nous, dans la rue. Le fichier peut être facilement retransmis par internet, presque en temps réel, en passant par YouTube ou un autre réseau. Ainsi des citoyens ordinaires, qui n'ont rien de reporters professionnels, enregistrent et transmettent les images d'une catastrophe aérienne, d'un cataclysme naturel, d'un tabassage policier, des allées et venues d'une personnalité connue, etc. Et ces images peuvent faire le tour du monde avant même d'être reprises par les grandes chaînes de télévision.

Il y a quelque temps, après une victoire du Canadien de Montréal, des jeunes ont décidé de fêter en chahutant dans les rues de la métropole. Certains n'ont pas résisté à la tentation de saccager des vitrines de magasins et de faire brûler des voitures de la police. Et ils étaient excités par la possibilité de se filmer eux-mêmes en train de le faire pour envoyer les vidéos en ligne. C'était pour eux l'occasion de se donner de l'importance médiatique en devenant les reporters d'eux-mêmes. On pourra y voir une revanche de jeunes frustrés par leur marginalité dans la société adulte, et qui découvrent qu'ils ont désormais un pouvoir technologique qui leur permet de créer, eux aussi, l'événement. Il semble évident que sans cet exhibitionnisme numérique en temps réel, ils se seraient lassés de saccager beaucoup plus vite. Certes, on faisait un sourire, on prenait la pose pour une photo, selon des codes gestuels bien établis. Mais ce soir-là, on mettait le feu à une voiture de police pour faire des images. On fabriquait un événement qui serait demeuré obscur, ou n'aurait jamais eu lieu, sans la possibilité de sa diffusion immédiate, reprise aussitôt par les chaînes de télévision. En d'autres termes, nous vivons de plus en plus dans un monde hybride, à la fois écranique et réel.

D'ailleurs, depuis plusieurs années déjà, des terroristes ont adopté la technique, filmant et diffusant, par exemple, des égorgements, pour que les médias du monde entier parlent d'eux. Les événements du 11 septembre sembleraient presque avoir été conçus comme une production hollywoodienne. Le second impact a eu lieu juste assez de temps après le premier pour que de nombreuses caméras de télévision soient là pour le filmer et le diffuser en temps réel à l'échelle de la planète. L'événement est à la mesure de sa diffusion médiatique dont il faut donc intégrer les paramètres. Et aujourd'hui, il y a des caméras partout, qui guettent le délit, et qui peuvent créer l'événement en l'amplifiant médiatiquement. Car les grands médias eux-mêmes sont constamment à l'affût de l'événement qui les fera exister. Ils sont en quête de sensationnalisme pour capter l'attention de leurs lecteurs et téléspectateurs. Les rédactions envoient des journalistes là où quelque chose pourrait se passer. Mais ils invitent aussi les téléspectateurs à devenir leurs caméramans en leur communiquant immédiatement tout événement inattendu dont ils pourraient être les témoins. Pas d'événements, pas de médias. Pas de médias, pas d'événement. Il faut nourrir la bête informationnelle tous les jours. Elle est affamée. Sous peine de disparaître, les médias doivent secréter des événements. Nous parlons donc d'un véritable cannibalisme médiatique.

Le phénomène présente du reste une deuxième circularité. Nous sommes confrontés non seulement à des « self-médias », mais aussi à un self-control. Lors des agitations de rue qui ont fait suite à la victoire du

Canadien, beaucoup d'autres personnes étaient là aussi, qui ont filmé les violences. C'étaient soit de simples passants avec leurs cellulaires, soit les policiers eux-mêmes avec des caméras professionnelles. Et l'image constituant désormais un témoignage admissible comme preuve de délit, « l'appel à images » lancé sur les chaînes de télévision par la police au public a été entendu. Il semble, à en juger par le nombre des arrestations opérées les jours suivants, voire par le nombre de jeunes qui, pensant avoir été filmés, se sont présentés à la police « spontanément », que beaucoup de citoyens indignés ont livré leurs enregistrements amateurs.

On a souvent souligné cette « vertu » de ce nouveau panoptique (la prison ronde surveillée par un seul gardien positionné en son centre et invisible des détenus imaginée par le philosophe anglais Jeremy Bentham au XVIII$^{e}$ siècle). Personne, qu'il soit malfaiteur, manifestant ou policier, ne peut plus jamais être sûr de n'être pas filmé par un téléphone cellulaire ou une caméra de surveillance dont les images pourraient être diffusées dans le monde entier. On peut certes espérer que cela incitera chacun à faire montre de plus de retenue. Il reste que les « Little Brothers » – c'est-à-dire tout le monde – deviennent aussi importants que Big Brother: la société va de plus en plus en s'autosurveillant.

## L'explosion d'un psychisme de masse

Avec l'âge du numérique, nous sommes passés d'une étape matérielle, celle de l'*homo faber* qui usait de l'énergie pour construire le monde physique, à une étape psychique de notre évolution, celle de l'agglutinement humain virtuel.

Les hommes avaient jadis une vision animiste de l'univers dont ils partageaient l'élan. Ils célébraient cet esprit par des rites sociaux, des initiations, des sacrifices et des danses qui renforçaient les liens organiques de leurs sociétés. Ce mode de socialisation a évolué avec l'apparition des monothéismes, des communautés religieuses, des églises, des offices, du rite de la communion et de la célébration collective d'un même ailleurs transcendantal que Durkheim a assimilé à un nouveau mode de solidarité « organique ».

Aujourd'hui, le développement de l'athéisme et la célébration de la société de consommation semblent avoir amoindri cette solidarité fondamentale de nos sociétés au profit d'un culte nouveau de l'individualisme et même de l'égoïsme. Chacun se souciant avant tout de son bonheur personnel et basant sa réussite sur une accumulation de biens matériels, même la base familiale de la solidarité sociale semble avoir éclaté. Nous avons progressivement développé l'atomisation des masses et institué le chacun pour soi. Durkheim s'inquiétait de l'émergence de ces solidarités sociales minimales qu'il appelait « mécaniques », qu'il jugeait anxiogènes et dont il soulignait « l'anomie », propice à une augmentation du taux de suicides.

Mais la technologie elle-même a évolué : la machine cybernétique, qui traite des ensembles de données et gère des informations liées, a pris le relais de la machine-outil. Le besoin d'indivision fondamental des communautés humaines, le désir d'appartenance au groupe ont survécu à la fragmentation de nos sociétés et cherchent de nouveaux modes d'expression. Nous assistons donc aujourd'hui, par un effet compensatoire, au retour d'un désir d'intégration sociale, notamment parmi les nouvelles générations. On ne saurait expliquer autrement le succès des médias sociaux. Ainsi Facebook, notre nouvelle Église mondiale, compte plus d'un milliard de paroissiens. Et beaucoup d'entre nous communient quotidiennement sur Twitter, Google, etc. Le matérialisme nous a désaliénés et individualisés... plus que nous n'étions capables de le supporter. Nous éprouvons le besoin de rétablir l'indivision psychique du corps social auquel nous appartenons, à l'égal des bancs de poissons ou des nuages d'étourneaux qui évoluent dans l'espace comme un seul être. Cette unité psychique de l'humanité, c'est la réactivation incessante, nourricière et apaisante du lien du nouveau-né au corps maternel. Le numérique fait office de cordon ombilical. Le psychique s'est réimposé dans notre conscience humaine comme une dimension existentielle irréductible.

Ce retour du psychique s'exprime dans le meilleur comme dans le pire, dans la nouvelle conscience d'une éthique planétaire comme dans les dérives des sectes et les âneries de la psycho-pop.

## Je gazouille, donc j'existe

Twitter a été créé à New York par Noah Glass et Evan Williams, de la start-up Odeo. Il s'agit d'un miniblogue, dont les entrées ont le format d'un texto court, d'un maximum de 140 signes, soit une ou deux phrases, et qui fonctionne en réseau social. Le 21 mars 2006, Dorsey publiait son premier tweet. En quelques années, ce nouveau média, auquel bien peu croyaient à l'origine, est devenu un incroyable succès. On atteignait en septembre 2013 les 400 millions de tweets quotidiens pour 200 millions d'inscrits. La valeur boursière de la compagnie est actuellement de 17 milliards de dollars.

Il faut dire que le téléphone mobile a créé un effet d'accélération qui ne semble pas près de s'arrêter. Les gens ont-ils tant de choses à dire ? Tellement plus que la génération précédente ? Il faut plutôt dire que l'onomatopée anglaise pour « gazouillis » choisie par les fondateurs pour nommer leur compagnie était visionnaire. Comme les oiseaux qui se rassemblent dans les arbres, les humains aiment gazouiller. Gazouillis euphoriques, joie énergique de vivre, de dire qu'on existe, gazouillis, aussi, pour donner l'alarme, annoncer la mort d'un congénère, l'apparition d'un prédateur dans le voisinage. Comme les oiseaux, ils font l'état des lieux : batailles, nourriture, curiosités, grandes et petites nouvelles. Voilà bien le plus démocratique des médias de masse : il est incessant, collaboratif et planétaire, et en temps réel. Et pour tous ceux que le silence angoisse, il est un bruit qui apaise. « Je suis ici. Tu es là. Où es-tu ? As-tu entendu ? Attention, il arrive. » Twitter fonctionne partout intensément, même et surtout dans les temps de crises politiques – dans la mesure où le pouvoir ne cloue pas le bec aux usagers. On a pu l'entendre lors du printemps arabe en Tunisie et en Égypte.

« Je tweete, donc j'existe. » Il fallait y penser. Les célébrités, de Madonna à Lady Gaga, consacrent toutes les ressources financières et humaines requises pour avoir sur les réseaux sociaux des millions de fans, faire connaître leurs moindres gestes, leurs nouvelles amours, leurs achats ou leurs états d'âme. Et ça marche : leurs plateformes sont fébrilement visitées, commentées, y compris par les vieux médias. Il ne peut plus y avoir de célébrité dans les nouvelles générations sans une présence constante sur les réseaux. Cela donne des idées à des citoyens anonymes du net, qui tentent la grande aventure de devenir célèbres sur les réseaux sociaux. Non sans des succès parfois spectaculaires, qui permettent aux chanceux de devenir à leur tour des vedettes de la chanson, du cinéma ou de la politique. Une compensation pour l'anonymat des masses.

Il y a aujourd'hui des tweeters enragés, comme il y avait jadis des fumeurs obsessionnels, qui obtiennent des fauteuils réservés (*tweet seats*) dans les salles d'orchestres symphoniques (Cincinnati, Palm Beach), ou de grands théâtres (le Guthrie Theater de Minneapolis). Ces honorables institutions, qui ont peut-être peur de passer pour archaïques, espèrent sans doute des retombées médiatiques et attirer un public plus jeune. À quand des tweetteurs dans les fêtes de famille, dans les blocs opératoires, à la messe, dans les parlements ou dans les salles d'interrogatoires de police ?

En attendant, il devient bien difficile pour nos gouvernants de se cacher lorsqu'ils dérapent. Comme une volée de moineaux, qui part à droite, vire à gauche, revient et repart vers l'horizon, la tweetosphère tourbillonne au-dessus de leurs têtes. Ce sont peut-être des oiseaux, désormais, qui garantiront le lent progrès vers la démocratie que l'humanité prétend imposer à ces vieux singes rusés et cyniques.

## La virturéalité

Jadis la nature était hantée par les esprits, célébrée et redoutée. Un jour, elle est devenue romantique. Puis on en a fait une matière première triviale. La nature a été démystifiée : elle est devenue le simple décor de la vie. Elle est devenue « naturelle », on prétend la représenter de façon réaliste, ou objective, et l'exploiter sans état d'âme. Mais c'est là une impression très superficielle. En comparant les traditions de représentation de la nature, des taoïstes aux chrétiens du Moyen Âge, de la symbolique chinoise au réalisme en clair-obscur de la Renaissance, on réalise que la nature est toujours une représentation culturelle, une figuration idéologique construite selon des conventions historiques et sociales. Au Quattrocento, en Italie, Alberti et Brunelleschi, ont soumis la nature à une représentation en perspective optique dont la profondeur n'était plus transcendantale, mais géométrique – encore que le point de fuite garde la valeur symbolique d'une clef de voûte de l'univers, métaphore de notre dépendance à un créateur unique qui garde toute autorité sur son organisation. Mais ce géométrisme, cette perspective linéaire que nous avons pris depuis pour un réalisme objectif, n'est qu'un simulacre artificiel décalqué d'une optique monoculaire. Les lois selon lesquelles nous y déterminons à la règle les proportions et le positionnement de chaque objet, de chaque sujet, constituent en fait un « irréel » auquel nous avons appris à soumettre notre perception depuis seulement cinq siècles en Occident. Notre représentation de la nature en perspective géométrique en trois dimensions est aussi irréaliste que le symbolisme qui l'a précédée. Et maintenant, nous sommes passés de la géométrie euclidienne aux algorithmes informatiques.

Et à force d'en explorer les liens qui se présentent à nous comme ses lois, la nature est devenue essentiellement quantifiable. Sa matière est désormais sécable, gérable, sujette à interprétation théorique en fonction des instruments électroniques et de notre science informatique actuelle. Son insaisissabilité n'est plus celle des esprits et des dieux qui l'animaient jadis, mais celle de ses lois scientifiques, de son infiniment petit ou lointain. C'est l'invisibilité – pour notre perception sensible – de ses atomes, de ses quarks, de ses gènes, de ses protéines, de ses enzymes, de son énergie qui font de la nature technoscientifique actuelle une nouvelle déclinaison du même être imaginaire, puissant et instrumentalisable, qu'elle était déjà pour la magie, même si les modes de représentation et les techniques ont changé.

Et lorsque nous abordons la physique quantique ou la bio-informatique et leurs modélisations algorithmiques, nous devons bien admettre que ces liens entre la matière, l'énergie, nos besoins, nos projets et nos interprétations sont plus abstraits que jamais. Ils ne sont nullement « réalistes » ou objectifs, un monde matériel mis à distance, mais bien expérientiels et imaginaires, comme l'ont démontré depuis longtemps la philosophie et la phénoménologie (et, plus récemment, la mythanalyse).

De même, nous avons réinventé le matérialisme, dont je me réclame moi-même, pour l'opposer à l'idéalisme et à l'aliénation religieuse. Mais cela n'enlève rien à son caractère de construction mentale, à sa relativité sociologique et mythique. Il s'agit seulement d'une alternative que nous jugeons plus lucide et libératrice.

Ce que nous voudrions appeler la « réalité réelle » n'a jamais existé autrement que comme un mythe ou une représentation. Non seulement voyons-nous apparaître une nouvelle réalité, mais au-delà de ce qui serait un rapport dialectique entre réalisme et numérique, nous constatons que ce dernier s'immisce de plus en plus dans le réel, s'y hybride au point de le transformer et, souvent, d'en être indiscernable. Nous devons parler désormais moins de virtualité que d'une virturéalité vécue comme expérience de l'esprit, du psychisme et du corps, comme une présence réelle de la transcendance numérique.

## Le Big data

C'est un déluge d'informations qui s'abat désormais sur les réseaux numériques. On parle de Big data. Le Forum économique de Davos en a fait l'un de ses thèmes de débat en 2012 et le *New York Times* a consacré l'expression en titrant « The Big Data Age » pour évoquer ces petabites de données, qui vont devenir exabites, zettabites et yottabites ($10^{24}$ bits). Où cela s'arrêtera-t-il ? Comment sélectionner, organiser et même seulement mémoriser cette masse de données ? Et qu'en ferons-nous ?

Nous exploitons déjà d'immenses quantités de données pour découvrir des récurrences et des séquences ou cartographier sémantiquement des proximités fréquentes et significatives, qu'elles soient chimiques, météorologiques, électromagnétiques, atomiques ou génétiques, qui induisent des hypothèses. Nous déduisons des connaissances exploitables dans tous les domaines. Nous organisons les rayons des supermarchés ou la synchronisation des feux de circulation dans les zones urbaines, programmons efficacement l'achat d'espaces publicitaires, affectons les services d'ordre ou anticipons les mouvements boursiers, etc. Les analyses issues du Big data font apparaître des éléments récurrents qui seraient imperceptibles. Nous menons des recherches analytiques de plus en plus poussées à l'aide de masses de données que nous n'étudions plus en les classant dans les catégories préétablies de nos rationalités, mais que nous découvrons sur la seule base d'une sorte de structuralisme quantitatif dont le sociologue Abraham Moles avait préfiguré les principes heuristiques. Nous échappons ainsi à tous les rapports de cause à effet connus et présumés « logiques » et aux préjugés que nous aurions tendance à utiliser comme grille opératoire pour interpréter des données. Nous comptons comme si nous ne savions rien – pas même *ce que nous comptons*. Et nous voyons souvent surgir des significations instrumentales. Cette approche analytique est le degré zéro de la rationalité linéaire. Nous n'avons plus d'image préconçue de la société ou de l'univers. Le sens que nous leur donnons est seulement quantitatif, factuel, une sorte de nouvel empirisme fondé sur les algorithmes analytiques auxquels nous soumettons des océans de données systématiquement accumulées.

## Un nouveau naturalisme

L'idée de nature a beaucoup changé. Les premiers hommes ont imaginé que les animaux, les arbres, les montagnes, les rivières, le vent, les pierres, le feu, la terre, le soleil, la lune étaient animés comme eux de conscience, de pensée, de vie affective, d'émotions, et ils ont agi en conséquence. L'interface animiste des premiers hommes avec la nature s'est donc établie comme un dialogue, impliquant une négociation, une pensée et des techniques magiques. Ils tentaient d'en faire des alliés, de s'en protéger ou de les conjurer, ils les suppliaient, les vénéraient ou les combattaient. Aujourd'hui, la représentation de la nature a évolué avec la technoscience et la pensée économique dominante qui lui est liée. Et notre interface, qui était magique, est devenue numérique.

La « nature naturelle » est née à l'époque de notre urbanisation puis s'est maintenue comme une image compensant son absence dans nos villes, où nous en célébrons des fragments iconisés (jardins, parcs publics, fontaines, animaux domestiques, plantes d'appartement, papiers peints et tissus fleuris, etc.). Et comment pourrait-il en être autrement ? Que serait un réalisme intégral de la nature ? Que serait ce « naturalisme intégral » évoqué par le critique Pierre Restany ?

Avant de célébrer ce naturalisme intégral qu'il pensait avoir rencontré en Amazonie, Restany avait lancé le « nouveau réalisme » dans les années 1960 avec des artistes comme César, Arman et Martial Raysse ; on invitait les artistes à rompre avec l'art abstrait encore dominant pour iconiser la société industrielle. Et au tournant des années 1970, McLuhan a eu raison d'affirmer que les médias étaient devenus notre nouvelle nature. C'est encore plus vrai avec le numérique qu'avec l'électricité. Il y a dix ans, nous étions sous le choc. Aujourd'hui, alors que le numérique se banalise, alors que notre cosmogonie, notre sensibilité, nos sociétés et notre style de vie deviennent de plus en plus numériques, nous pouvons parler à notre tour d'un *nouveau naturalisme*. J'ai déjà eu l'occasion de l'évoquer dans mon « Petit manifeste de 1999 » :

> Aujourd'hui, Goya ne peindrait plus la cour d'Espagne, ni Ingres des nus, ni Cézanne la montagne Sainte-Victoire, ni Van Gogh des iris, ni Picasso des natures mortes. Ils peindraient des paysages financiers, des diagrammes qui montent au ciel ou plus souvent qui descendent aux enfers : la planète est devenue financière. Je peins les jeux des spéculateurs, les murs de Wall Street et les paysages de montagnes d'actions, d'or et d'argent qui nous entourent.
>
> Claude Monet ne peindrait plus les nymphéas, mais les trous d'ozone au-dessus des pôles. Notre conscience de la nature est devenue écologique, globale, savante et politique. Malevitch ne peindrait plus des carrés noirs, mais des codes-barres. Mondrian ne peindrait plus des géométries orthogonales, mais les zigzags de nos évolutions statistiques et de nos crises.
>
> Les cubistes peindraient le code binaire du numérique qui s'immisce de plus en plus dans le réel et le transforme au point où il n'en est plus clairement discernable. Tout mon travail d'artiste, commencé dans les années 1970 sous le signe de l'art sociologique, consiste depuis la fin des années 1990 à explorer, déchiffrer, mettre en évidence, interroger et

critiquer cette nouvelle nature numérique, financière et écologique, tant du point de vue politique, qu'économique et social. Je peins son imaginaire et ses rythmes, ses pulsions et ses structures, ses codes, son esthétique quantitative et ses fausses couleurs.

Le retour paradoxal à la peinture s'impose pour prendre du recul face à cette nouvelle nature algorithmique. Il permet de résister au flux dissolvant des octets par l'arrêt sur image. Ce sera une peinture joyeuse, sociologique et critique. En quelque sorte, je peins les icônes du numérique. Je suis un artiste de classe moyenne, un primitif du nouveau naturalisme.

Et je ne suis pas le seul à m'être engagé dans cette voie. Ce nouveau naturalisme va se confirmer, se consolider, se banaliser dans nos imaginaires, nos réflexes et nos usages quotidiens.

## Vitesse et agitation

Alvin Toffler a été parmi les premiers à comprendre l'importance déterminante de l'accélération de notre évolution, qui crée, selon son expression, un *choc du futur* difficile à surmonter pour les générations âgées, sans mode d'emploi face au surgissement des nouvelles mœurs et des nouvelles valeurs (il parlait de l'après-guerre). Cette situation se répète actuellement avec le choc du numérique, qui a renforcé cette aliénation et crée un fossé entre les natifs et les immigrants du cybermonde. Il nous faut donc introduire, au cœur du processus de notre évolution, un concept qui a paru jusqu'à présent insaisissable et trivial, voire haïssable, à beaucoup d'intellectuels: la vitesse. Déjà, au début du XX^e^ siècle, les futuristes italiens avaient célébré la vitesse de manière provocative. Nous devons, quant à nous, admettre que la vitesse a désormais statut de concept épistémologique, scientifique, sociologique, culturel, et bien sûr artistique (en art vidéo, en musique, en littérature, et dans les arts numériques). Autrement dit, nous devons prendre en considération non seulement les images instantanées de nos perceptions, comme le firent les impressionnistes, mais aussi leurs transformations incessantes, leur instabilité, leur agitation constante, cette sorte de mouvement brownien, cette apparence aléatoire, que les physiciens ont détecté dans les vibrations de la matière et de l'énergie.

Je veux dire par là que nous ne considérons pas la vitesse de trajectoires linéaires. Nous sommes plutôt confrontés à une vitesse-agitation, dont les arabesques s'entremêlent. C'est à coup sûr un concept difficile à admettre et à rendre opérant du point de vue épistémologique, car la vitesse et l'agitation détruisent les formes et les catégories. Elles diluent les références stables, comme les classifications aristotéliciennes. Elles jettent le désordre dans la localisation de chaque élément, dans les relations qu'il entretient avec les autres, dans le positionnement social même de chacun de nous. Finalement, elles tendent à détruire le rationalisme classique, qui était basé sur une architecture stable comme celle d'une citadelle. On pourra considérer l'émergence de la vitesse dans notre univers familier comme un symptôme de crise. Certes, ce concept de vitesse-agitation nous secoue et nous inquiète. Mais nous devons admettre qu'il est désormais au cœur de notre réalité et nous lance le défi de la « nouvelle nature ».

Le physicien américain David Nolte a étudié ce qu'il appelle « la nervosité de l'œil ». Il a même pu établir que nos perceptions visuelles à l'état brut sont agitées par ce mouvement brownien discontinu, et que c'est le cerveau qui les organise et les stabilise en les inscrivant dans des formes familières qui nous permettent d'établir avec notre environnement une relation stable adaptée à notre action. L'usage de drogues, au contraire, peut bloquer ce formatage cérébral, de sorte que nos perceptions dansent dans un mouvement de vibration et de confusion totale. Il est permis de penser que nous avons tendance à recourir au même type de formatage, cette fois idéologique, face à l'hétérogénéité sociale, par un réflexe sécurisant ou par habitude. Cette réaction biologique et utilitariste ne conduit pas à nier le rôle de la vitesse dans notre cosmogonie, mais nous aide au contraire à expliquer la nature de nos liens sociaux. Comme les pilotes de course, comme les pianistes, ou comme les enfants qui agitent leurs doigts sur les manettes des consoles vidéo, nous apprendrons à maîtriser la vitesse et à en tirer de nouveaux plaisirs et de nouvelles idées. La vitesse engendre des frictions, des chocs, des peurs et une perte de références ; elle peut être destructrice, mais aussi créatrice de nouvelles rencontres, de liens, d'hybridations, de fusions, et de nouveaux équilibres dynamiques.

## Le numérique comme sensibilité et style de vie

Nous sommes entrés de plain-pied dans l'âge du numérique. La vie quotidienne elle-même est de plus en plus arrimée aux technologies numériques, qu'il s'agisse de l'information politique, financière, bancaire, culturelle, éducative, du divertissement ou touristique, ou de la vie familiale, privée et même intime. Les moyennes d'utilisation quotidienne de l'internet dans les pays développés sont en pleine croissance, dépassant souvent deux heures par jour. Beaucoup de foyers comptent plusieurs ordinateurs de toute nature. Bref, toute la vie devient dépendante de l'informatique. La réalité est hybridée dans la virtualité. On ne sait plus où est la frontière. On n'est pas passé, comme Alice, de l'autre côté du miroir car il n'y a plus de miroir, plus de ligne de partage. On vit dans cette zone hypersensible de contact et de mélange intime du réel et du virtuel. Le virtuel n'est plus seulement une fenêtre vers un ailleurs où nous nous projetons ou nous évadons, mais une énergie qui saute de l'écran vers celui qui le regarde, qui envahit le réel et nous englobe. C'est le monde réel où nous croyons encore être qui est ainsi bouleversé, qui transforme notre sensibilité, notre psychisme et notre intelligence, bref, qui change notre expérience du réel, même lorsque nous ne sommes pas devant l'écran, même lorsque nous croyons avoir repris notre place habituelle et ordinaire dans le « vrai » monde.

Le virtuel est devenu plus vrai que la réalité. Nous le percevons comme une sorte d'intelligence qui imprègne notre environnement et s'impose dans nos activités. Les objets et les instruments de notre vie quotidienne deviendront de plus en plus intelligents, c'est-à-dire connectés. Chaque année, l'observatoire français Netexplorateur recense à travers le monde une centaine d'innovations numériques, dont un jury international d'experts sélectionne une dizaine pour leur intelligence et leur utilité. Certains de ces choix, comme Twitter, repéré à ses débuts, ont depuis prouvé leur pertinence de manière spectaculaire. Ces innovations, souvent dues à des petites entreprises, voire à des chercheurs isolés, fonctionnent comme des philtres magiques. Dans le domaine des déficiences physiques, voire cognitives, il est clair que le numérique pourra augmenter nos pouvoirs (*empowerment*), mais aussi soulager beaucoup de handicaps bien plus efficacement que les poudres de perlimpinpin de la magie traditionnelle. La technologie numérique avancée et miniaturisée, qui devient invisible ou non décelable, à commencer par les ondes wi-fi, devient aussi presque indiscernable de la magie pure. Et à ceux qui contesteront cette affirmation, je répondrai qu'à tout le moins, le numérique remplace manifestement la magie dans nos désirs et dans nos peurs.

Paradoxalement, le numérique est aussi « techno-sentimental ». Il n'est *a priori* qu'une boîte à outils... comment est-il devenu une telle obsession, un tel excitant ? Pourquoi en sommes-nous si dépendants, non seulement pour les services pratiques qu'il nous rend, mais psychiquement ? Ses performances déclenchent chez nous des joies, des déceptions, des exaspérations, mais il amplifie aussi nos vibrations psychiques chaque fois qu'il nous permet d'activer nos liens familiaux, amoureux, professionnels ou de loisir. Il devient un prolongement de notre cerveau et de notre main dont nous ne pouvons plus nous passer. Il exige que nous soyons « branchés » pour exister socialement. Les designers imposent une esthétique des téléphones mobiles, tablettes et autres clés USB et en font des objets de mode. Sans compter les textiles intelligents, dont on parle tant et qui permettent de créer des vêtements connectés qui deviennent des supports « embarqués » de jeux de lumière, d'images ou des textes grâce aux diodes et fibres optiques intégrées dans leur trame.

Le numérique crée aussi une nouvelle sensibilité tactile. Nous avions déjà avec la souris et son curseur ce toucher magnétique et magique qui permet d'activer des icônes sur l'écran, d'agrandir des images, de modifier des fichiers avec un sentiment de puissance qui est vite devenu banal pour nous. Avec la technologie tactile qui se généralise, c'est d'un sensuel toucher du doigt sur le velours de l'écran que nous faisons désormais apparaître ou disparaître les objets virtuels.

## Le fauvisme numérique

Le monde a changé de couleurs plusieurs fois. Les couleurs nuancées relevaient de la vie rurale, soumise à la nature. Liées à la survie des pêcheurs, des chasseurs, des agriculteurs, elles commandaient un riche vocabulaire de nuances que nous perdons de plus en plus. Les peintres de la Renaissance ont substitué aux couleurs pures et symboliques des Primitifs des couleurs locales, rompues, que la recherche d'une perception plus réaliste ont ternies, brunies, bleutées, ombrées, réduites jusqu'au clair-obscur et au contraste de valeurs dans le néoclassicisme. La couleur pure a alors été exclue. Puis, les peintres sont sortis de leurs ateliers et ont abandonné ces couleurs convenues et obscurcies pour se confronter à la lumière solaire du plein-air. Les romantiques, puis surtout les impressionnistes ont redécouvert les contrastes de couleurs et la saturation chromatique pour inventer une nouvelle perception de la nature. Ces impressions subjectives et fugitives de lumière-couleur, jugée pure, ont bientôt laissé la place à la rébellion chromatique des fauvistes. Au XIXe siècle, le goût littéraire et l'introspection psychologique ont associé les couleurs aux états d'âme, le plus souvent en réactivant au nom d'une pseudo-psychologie des couleurs les anciennes symboliques religieuses. Nous n'en sommes plus du tout là.

Depuis, le développement des pâtes de pigments industrielles, des tubes de couleur, de l'impression offset, de la publicité, de la signalisation et du commerce urbains a favorisé une nouvelle sensibilité qui célèbre des couleurs vives, saturées et contrastées. Ce sont les rouges, les jaunes, les bleus, les verts, les oranges des jeux pour enfants, des articles de plein air, des objets ménagers, seaux, balais, boîtes et ustensiles divers que vendent les « marchands de couleurs », comme on les appela un temps.

Ce sont les industries manufacturières qui ont pris le relais de la nature dans les sociétés urbaines. Le rythme du changement s'est accéléré en Occident. Nous nous sommes aujourd'hui passablement éloignés de la vraisemblance, d'autant plus que nous avons aussi adopté les couleurs-lumières numériques de nos ordinateurs. Ce sont des couleurs additives, contrairement aux couleurs soustractives du papier, du tissu, des matériaux réfléchissants. Ce sont de *fausses couleurs*, choisies pour leurs contrastes et leur lisibilité, conventionnelles, et même régies par des codes internationaux. L'imagerie scientifique de nos bulletins météo aussi bien que des laboratoires de recherche nous présentent une nouvelle image de la nature, en couleurs codées, saturées, libres de tout réalisme, comme dans les vitraux de nos cathédrales ou sur les masques indigènes.

Voilà une révolution chromatique radicale qui renoue paradoxalement avec les couleurs primitives. L'usage des couleurs ne tient plus à nos références perceptives : il les nie constamment. Il s'est en outre délocalisé et constitué en un langage visuel, pictographique, qui tend à devenir internationalement normé. De ce fait, notre gamme de couleurs artificielles se simplifie, s'appauvrit en rejetant ces nuances que célébrait notre ancienne sensibilité naturaliste ou impressionniste, mais qui brouilleraient aujourd'hui le message, aussi bien signalétique que scientifique. Nous avons oublié cette « couleur locale » si chère aux peintres du classicisme.

La couleur est devenue laïque, oublieuse des anciens codes symboliques, certes, mais il ne faudrait pas en sous-estimer la symbolique nouvelle, écranique, urbaine, routière, publicitaire, cartographique, météorologique, politique, sportive, voire émotionnelle, qui correspond de nouveau à un ailleurs. Car, à l'opposé du réalisme inventé par la Renaissance italienne, le monde numérique selon lequel nous interprétons et transformons le réel relève d'une vision prométhéenne. Nos couleurs n'évoquent plus le mystère des esprits. Ce ne sont pas les couleurs de la nature, ni celle des dieux. Ce sont les couleurs des hommes qui croient désormais en leur pouvoir créateur et colorent eux-mêmes le monde.

Cette coloration artificielle de notre image du monde se généralise. On « colorise » non seulement les cartes postales, les films, les plastiques, les chemises, les voitures, les couvertures de disques, mais aussi les produits alimentaires, les médicaments, les jus de fruits, les gâteaux, les crèmes, les fleurs comme des bonbons.

Nous devons nous attendre, dans l'avenir, à une réduction chromatique drastique qui limitera notre capacité à discerner des nuances, nous restreignant à une gamme limitée de couleurs saturées. Nous développons une « e-sensibilité », mais pas celle que nous vendent les prospectus promotionnels de nos ordinateurs. On nous fait valoir que nos écrans peuvent afficher des millions de couleurs numériques. Voilà bien un argument de vente fallacieux, qui revendique les avantages d'une puissance technologique inutile. Paradoxalement, dans nos environnements urbains, dans la vitesse des tourbillons de flux, dans ce tsunami numérique qui noie et banalise tout dans une consommation instantanée des signes de l'image, les nuances ne présentent plus d'intérêt. Nous ne les voyons même plus. C'est un code réduit de couleurs signalétiques qui s'impose. Imagine-t-on un feu de signalisation avec des variations d'un million de couleurs entre le rouge et l'orange ? Penserait-on à peindre les conduites de gaz et d'eau et les câbles électriques dans une gamme nuancée, alors que nous devons les distinguer clairement et immédiatement pour des raisons de sécurité ? Comment distinguerions-nous les joueurs des équipes sportives dont nous suivons les matchs à la télévision s'ils portaient tous des maillots verts de différentes nuances ? Même la science, qui se fonde sur des mesures fines, ne recourt pas à ces millions de couleurs disponibles dans l'imagerie : elle opte nécessairement pour une lisibilité contrastée de couleurs-lumière dans ses conventions d'affichage. Il en est de même dans les arts numériques. Qu'ils explorent des espaces ludiques et le divertissement, ou abordent les thèmes de la nature et de la vie artificielles, dans des installations ou dans des œuvres écraniques, ils ont généralement recours aux couleurs électroniques primaires et ignorent les milliers de nuances disponibles. Nous sommes dans des univers de bonbons et ils en cultivent le plaisir bigarré. La couleur-lumière est une énergie. On a d'ailleurs inventé des chromothérapies. Nos gammes de couleurs pures seront à l'avenir aussi actives et symboliques que celles des vitraux de Chartres. Nous pouvons prophétiser sans risque l'avènement d'un néo-primitivisme chromatique, où même le noir deviendra une couleur-lumière pure. D'ailleurs le peintre Pierre Soulages a fait ce choix avec ses monochromes « ultra-noirs ».

Le fauvisme initié en 1905 par des peintres tels que Derain et Matisse prétendait lancer un cri de révolte libertaire contre les académismes bourgeois. Mais le fauvisme numérique n'a rien d'anarchiste. Il constitue plutôt la nouvelle gamme chromatique de la société de consommation dans laquelle nous nous sommes immergés. Les couleurs que nous aimons ne se trouvent plus aujourd'hui chez le fournisseur de matériel artistique, mais chez le vendeur de glaces. Des bacs aux couleurs saturées annoncent la pistache, le bleuet, la framboise ou le citron, déclinent toutes la gamme des colorants artificiels. Le kitsch a chassé le naturel. De la peinture crémeuse en bacs grand format, c'est cela, le fauvisme numérique : signalétique et alimentaire. Nos yeux salivent devant les couleurs du monde. Nous aimons les couleurs qui se mangent. Comme les bébés qui portent à leur bouche leur hochet, nous sommes attirés par les couleurs bonbon, acidulées, de notre environnement.

L'estomac l'a emporté sur les yeux. Le monde se mange. Et vient l'obésité de ce monde acidulé, gazéifié, sucré. Les artistes Antoni Miralda et Dorothée Selz avaient vu juste dès les années 1970 en lançant le *eat-art* et les installations de sucreries.

On nous dit que nous sommes dans une société de l'information. On parle aussi de la société de l'image. Des images que la profusion et le mouvement incessant sur supports numériques banalisent, ou même détruisent. Comment échapper au cycle production-consommation-destruction de l'image ? Faut-il sauver l'image ? Comment ? Pourquoi ? Ou faut-il la remplacer ? Par quoi ?

## La banalisation de la pornographie

Les anthropologues nous disent que dans les sociétés primitives, la nudité et la sexualité n'étaient aucunement des tabous et qu'elles étaient vécues en harmonie avec la nature, au vu et au su de tous, dans une sorte d'innocence. Les « bons sauvages » n'y voyaient aucun mal. Dans la civilisation de la Bible il en va tout autrement. Au paradis terrestre le sexe n'était pas un péché, pour la simple raison, semble-t-il, qu'il n'y en avait pas. C'est lorsqu'ils ont été chassés du paradis terrestre qu'Adam et Ève ont découvert qu'ils étaient nus et ont cherché des plantes à grandes feuilles pour cacher leur sexe. Le puritanisme était né, et il a connu un paroxysme avec la religion chrétienne bourgeoise du XIXe siècle. L'hypocrisie, le développement de la prostitution ou les névroses sur lesquelles la psychanalyse freudienne a fondé son empire ont démontré la toxicité parfois extrême de cette culture de répression de la sexualité.

S'il est vrai que la pilule a donné lieu à une première grande révolution en séparant la recherche de plaisir de la fonction reproductive et en permettant aux femmes d'accéder à la même liberté sexuelle que les hommes, on doit admettre que la pornographie en ligne va constituer une deuxième étape. Dans ce cas encore, il n'y a aucun doute que le numérique crée une divergence radicale. L'internet offre désormais gratuitement la pornographie sous toutes ses formes, des plus édulcorées aux plus hard, sur des sites qui cultivent l'obscénité et parfois les déviances les plus extrêmes. Même ceux dont l'éducation les retient encore de découvrir les plaisirs transgressifs du Web devront s'y habituer. Il suffit de taper le mot « sexe » sur un moteur de recherche – ce mot est le plus demandé mondialement, d'après certaines statistiques – pour trouver immédiatement une multitude de ces sites qu'on appelle « adultes ». Et il serait vain de penser que les filtres familiaux qui permettent de bloquer l'accès aux sites pornographiques vont empêcher les adolescents d'y accéder. Le clavardage est lui aussi permissif, et comporte même le risque de tomber dans les filets de prédateurs sexuels. Des réseaux sociaux se spécialisent dans cette quête pulsionnelle omniprésente dans les sociétés humaines.

Pour les générations précédentes, le sexe était un sujet si tabou qu'il n'y avait aucune éducation sexuelle dans les écoles, hormis dans les conversations informelles interdites et dans les dortoirs. Aujourd'hui, les sites pornographiques sont devenus la principale source d'information sexuelle pour les adolescents, qui commencent à les fréquenter à un âge précoce. La *hard-porn* est devenue accessible à tous. Elle est gratuite, sans risque de maladies sexuelles, et permet de satisfaire nos pulsions voyeuristes ou même sadomasochistes anonymement. Elle nous présente des gros plans des organes sexuels en action, avec la plus grande diversité de partenaires, de positions et d'accessoires, où que nous soyons, à toute heure du jour. La sexualité virtuelle, ou écranique, est un phénomène de masse. Et on peut imaginer la valeur ajoutée que vont apporter les écrans tactiles. On pourra toucher, caresser, déshabiller, zoomer, multiplier les strip-teases ! Quelles en seront les conséquences ? Pourra-t-on encore parler de la sexualité comme d'une transgression ? La banalisation de la pornographie est devenue inévitable.

C'est un fait de société qui bouleverse des valeurs traditionnelles et nous fait même assumer positivement notre nature animale. Cela vaut-il mieux que le puritanisme hypocrite, l'attrait de l'interdit et les névroses qui en résultaient ? Ou est-ce une source de débauche individuelle risquée, socialement intolérable ? Un retour de balancier nous fera-t-il revenir à une norme plus valorisante de la sexualité ? L'avenir le dira, mais on peut en douter. Il semble que cette acceptation de la sexualité obscène par les adultes devienne irréversible. Et l'accès à ce monde qui est donné aux plus jeunes par les technologies numériques promet de changer considérablement leur comportement. Ce changement inédit dans l'histoire modifie radicalement notre conception de la part la plus intime de nos vies. Et ce n'est pas le sexe qui change le monde : c'est la technologie.

## Ludification

Le secteur des jeux vidéo est devenu considérable. Son chiffre d'affaires annuel dépasse désormais celui de l'industrie cinématographique. La Corée du Sud organise de grandes rencontres internationales de jeux en ligne et demande que ce nouveau sport soit reconnu par le Comité des jeux olympiques. On a déjà pu dire que le XX$^{e}$ siècle a été celui de la pornographie et que le XXI$^{e}$ sera celui des jeux vidéo. Si nous combinons les deux, nous allons avoir des plateformes et des consoles de jeu pornographique, des performances multimédias en temps réel et des orgasmes multi-usagers.

Dans les pays anglo-saxons, on a même inventé un mot nouveau pour en parler : *gamification* – que nous traduirons par « ludification ». Est-ce un nouveau concept sociologique, voire métaphysique ? « Le monde comme volonté de jeu », dirait un Schopenhauer d'aujourd'hui ? Tout deviendrait un jeu, à commencer par l'éducation. Plus de livres, seulement des consoles et des écrans. L'orthographe qui s'apprend en dansant devant la Wii... Sans nier les vertus pédagogiques du jeu, connues depuis toujours, on peut s'interroger sur les résultats à espérer de cette nouvelle mode.

Les nouvelles tendances de l'industrie du jeu vidéo incluent aussi le *serious game*, le jeu éducatif, le jeu thérapeutique, les simulations techniques, jeux de guerre, de spéculation boursière, etc. Certes, les jeux vidéo font la place belle à la triche et à la loi du plus fort. Le capitalisme et l'entreprenariat ne sont-ils pas des jeux ? On parle même aujourd'hui du *fun shopping*, qui associe le commerce et le divertissement dans les « expériences » totalisantes que proposent d'immenses centres arrimant sports, cinémas, garderies, restaurants, spas, cliniques et une multitude de boutiques. La vie aussi n'est-elle pas un jeu ? Le jeu vidéo met en scène les forces du mal, la violence, la perversité, la misère urbaine, mais aussi les défenseurs de la veuve et de l'orphelin. Il est devenu un incontournable pour l'anthropologue. Nous voilà même plongés dans une cosmogonie ludique. Dieu joue-t-il au billard avec les galaxies ? Il est certes difficile d'appliquer ce concept à l'univers, mais on peut se demander si la nature, grande adepte du hasard, n'est pas finalement une grande joueuse...

Ce sont plutôt les gagnants qui parlent volontiers de la ludification du monde. Les perdants, eux, soulignent plutôt la dureté du réel.

## Tous tagués

Nous avons tous dans nos disques durs des cookies, qui permettent non seulement d'afficher rapidement les sites Web que nous voulons consulter, mais installent aussi des robots espions dans notre propre maison et informent leurs répondants de nos activités.

Nous sommes tagués, indexés par Google et d'autres moteurs de recherche, qui nous géolocalisent et prétendent nous faciliter la vie en construisant notre « profil » à partir des archives constamment actualisées de nos navigations et, donc, de nos centres d'intérêt. À cela s'ajoutent nos déplacements, qu'enregistre notre téléphone intelligent, nos achats, qu'archivent nos cartes de crédit, et bientôt tout ce que nous voyons, dont les lunettes Google garderont la mémoire. Et que le diable protège nos vies privées du marketing Facebook ! C'est ainsi que nous alimentons nous-mêmes sans trop y penser des banques de données sur nos habitudes de consommation, sur nos goûts et sur nos comportements personnels, voire intimes. Et lorsque nous utilisons les services de messagerie, nos courriels sont tagués. Nous nous félicitons alors que les moteurs de recherche les retrouvent, à notre demande, en un dixième de seconde. Google nous offre même de jouer au limier sur notre propre disque dur. On appelle cela « la transparence »...

Pour toujours mieux nous servir, Google a annoncé la simplification de ses multiples politiques de confidentialité : nos navigations avec Chrome, nos recherches sur YouTube, nos courriels sur Gmail, le calendrier Google, Google Maps, Google Sreet View, etc. sont désormais rassemblés tous dans un seul et même cadre réglementaire de gestion et de respect affiché de notre vie privée, sans en changer les termes. Un allégement normal et bienvenu ? Oui, mais aussi la réunion de toutes nos données dans un seul et même profil individuel. Google nous le présente comme un grand avantage pour l'usager : « Ainsi, peut-être pourrons-nous vous signaler que vous risquez d'être en retard à un rendez-vous, en tenant compte de votre localisation, de votre agenda et des conditions de circulation », annoncent triomphalement les responsables de Google, qui admettent du même coup le formidable pouvoir de la centralisation des informations personnelles.

À ces beaux discours, le Consumer Watchdog, association américaine de défense des consommateurs, rétorque vigoureusement : « Appeler cela une politique de confidentialité, c'est du double langage [...]. Google ne vous dit pas qu'elle va protéger votre intimité. Elle vous explique comment elle va rassembler des informations sur vous à partir de tous ses services, combiner tout cela et utiliser ce gros dossier numérique pour vendre plus de publicité. » (Il faut rappeler que Google contrôle 40 % du marché global de la publicité.) Bien sûr, ce ne sont que des robots qui font le travail, anonymement, et si nous en sommes préoccupés, nous pouvons désactiver toutes ces fonctionnalités en cherchant dans les menus en ligne. Mais nous oublions de le faire. Et si nous pouvons effacer nos cookies ou notre historique de navigation, nous ne savons pas si les moteurs de recherche le font aussi. Et nous recommençons le jour même à disséminer des données et à reconstituer nos profils. Ainsi, Derrick de Kerckhove a pu dire que nous avons tous un inconscient numérique, qui est « tout ce que les banques de données savent sur nous et que nous ne savons pas nous-mêmes ».

Faudra-t-il disperser nos outils, utiliser le moteur de recherche de Google, le serveur de courriels d'Apple et le service de téléphonie Skype de Microsoft pour empêcher que ne se constitue de nous un profil centralisé ? Nous avons souvent un sentiment d'impuissance, qui nous fait nous résigner à cette transparence qui semble inévitable et finalement plutôt inoffensive. Mais nous redoutons tout de même que ces banques de données ne passent entre de mauvaises mains, celles des dictateurs, des criminels, des prédateurs, ou simplement des commerçants avides de marketing ciblé. Tous les jours, nous apprenons que des hackers ont réussi à accaparer les données sensibles conservées par des services publics, des compagnies de cartes de crédit, des banques. Bien sûr, nous comptons sur l'État pour nous protéger. Mais il est encore sous-équipé pour nous prémunir contre ces harcèlements, vols d'identité, violations de notre vie privée et fraudes en tout genre.

La Stasi n'existe plus. Mais la démocratie est encore rare sur notre planète. Et il existe encore des centaines de petites stasis, que les outils numériques rendent très efficaces, et invisibles. Lorsque l'on rêve de démocraties numériques, on devrait aussi cauchemarder en pensant à la généralisation insidieuse de ces petits robots numériques essentiels à tous les moteurs de recherche qui prétendent être au service des net-citoyens. Quand les États démocratiques vont-ils prendre conscience de leur devoir de protéger la vie privée et contraindre les multinationales à respecter une législation plus sécuritaire ? Les écoutes téléphoniques et l'ouverture du courrier sont interdites sans l'autorisation spécifique et justifiée d'un juge. Cette loi ne vaut-elle pas pour nos courriels, nos textos, notre agenda et notre carnet d'adresses électroniques ? Oui, mais seulement en théorie, à en juger par les pratiques que s'arrogent les États au nom de la lutte antiterroriste. L'internet est aujourd'hui plus utilisé que les services de poste. Il y a là manifestement un grave problème de démocratie face auquel nous sommes démunis et parfois trop insouciants. Et lorsque l'on voit apparaître des réglementations sévères pour sanctionner les compagnies de serveurs qui ne dénoncent pas les clients qui téléchargent illégalement des fichiers de musique, des films ou des logiciels, force est de constater que les États favorisent nettement les intérêts des multinationales au détriment du droit fondamental au respect de la vie privée des simples citoyens. S'il est fondamental de défendre la propriété intellectuelle, le problème n'est pas simple. Les robots numériques sont comme les bactéries : nécessaires à la vie, mais susceptibles aussi de devenir toxiques et de déclencher de graves pathologies, des infections fatales pour l'individu comme pour la société, dont le système immunitaire est déficient. L'Américain Edward Snowden, employé de la National Security Agency, a dénoncé à ses risques et périls les agissements de son agence en 2013, démontrant qu'elle espionne les communications des citoyens dans tous les pays, y compris celles des gouvernements, voire celles du président des États-Unis lui-même. Il fallait un grand courage pour révéler la généralisation de ces excès extrêmement graves, incompatibles avec le respect des personnes et les exigences éthiques des démocraties que nous prétendons construire.

Mais faut-il tant dramatiser ? Voici peut-être un meilleur usage de la puissance numérique. Peter Lee, le directeur du Microsoft Research Lab, nous annonce les ascenseurs intelligents. Dans une entrevue à la chaîne d'information Bloomberg, il décrit ainsi le projet : « Nous avons mis un ensemble de capteurs devant l'ascenseur, sans aucune programmation, juste avec une intelligence artificielle qui a observé pendant trois mois ce que les gens faisaient. Le système a commencé à se dire "oh, c'est comme ça que les gens se comportent quand ils veulent entrer dans l'ascenseur", ou "oh, et ça, c'est le type de personnes qui va au troisième étage plutôt qu'au quatrième". Au bout d'environ douze semaines, nous avons désactivé l'apprentissage, et nous avons dit au système "OK, vas-y, contrôle les ascenseurs", et sans aucune programmation, [il] a été capable de comprendre les intentions des gens, et d'agir à leur place. » Et Lee de généraliser sa vision : « Si, par exemple, il sait que c'est l'heure de manger, que vous avez parlé hier de déjeuner avec un collègue du deuxième étage, et détecte que vous quittez votre bureau pour vous diriger vers l'ascenseur, le système peut être assez intelligent pour vous conduire où vous le souhaitez sans que vous n'ayez besoin de lui donner d'instructions. On peut imaginer un monde connecté où il y aura des capteurs partout autour de vous, sur votre corps, dans votre environnement qui permettront de comprendre votre physique, ce que vous portez, votre routine, et même vos intentions. Aujourd'hui, les gens exploitent les ordinateurs. Mais nous pensons qu'à l'avenir, les ordinateurs travailleront pour eux, et ce projet d'ascenseur n'est qu'une application de cette idée. »

Sans doute, tous ces capteurs pourront paraître intrusifs. Quand on y pense, c'est beaucoup plus que ce bracelet GPS qu'on met à la cheville des prisonniers en liberté surveillée. Mais si c'est pour notre bonheur, comme le pense Peter Lee, devrions-nous passer à la boutique Microsoft pour nous harnacher de capteurs et signer un accord permettant que nos conversations soient enregistrées pour nourrir le système qui déduira nos intentions avec perspicacité ? Nous deviendrions alors des êtres « intelligents » se mouvant dans des réseaux numériques dont nous serons les esclaves, tout en gardant l'impression d'en être encore les maîtres. « Cette possibilité de prédire les intentions des gens [...], nous pensons qu'elle sera ancrée profondément dans notre environnement », conclut le directeur du laboratoire Microsoft avec une assurance qui fait frémir, car cet abus de pouvoir extrême, aujourd'hui encore irréaliste, s'esquisse déjà dans la réalité.

## La transparence numérique

C'est dans un but de surveillance extensive que les puces RFID (*radio frequency identification*) intéressent de plus en plus les polices, qui souhaiteraient insérer ce genre de radio-étiquettes dotées d'un émetteur à ondes courtes lisibles par des bornes à courte distance, voire dotées d'un dispositif de traçage GPS non seulement dans nos passeports ou nos voitures, mais aussi, par exemple, sous la peau de prisonniers en liberté surveillée. Tous les téléphones dits intelligents en sont désormais munis. Vous pouvez ainsi retrouver sur un site d'Apple prévu à cet effet l'iPhone que vous avez égaré ou qu'on vous a volé. Mais la police aussi peut suivre à la trace un suspect, même si son téléphone cellulaire est éteint. Ces « Digital Angels » – c'est le nom même d'une compagnie américaine qui en fabrique –, permettraient le traçage perpétuel de tout objet ou personne que l'on veut surveiller ou protéger.

L'invisibilité de ces systèmes et leur puissance potentielle leur promettent un succès dont les effets pervers sont appelés à soulever un débat de société majeur. Les puces deviennent emblématiques de l'âge du numérique. Or le *data mining* – l'exploitation des données que nous accumulons – et le croisement de banques de données que les entreprises appellent pudiquement des « interconnexions » deviennent monnaie courante. Dans une publicité, IBM se vantait récemment de pouvoir mieux servir ses grands clients d'affaires en leur offrant cette « intelligence commerciale » qui est basée sur l'affinage des interconnexions, non seulement pour les aider à mieux connaître leurs marchés (habitudes et préférences de consommation), mais aussi pour mieux anticiper l'évolution des besoins et des goûts.

George Orwell a déjà décrit ce cauchemar dans des chefs-d'œuvre comme *Animal Farm* et *1984*. L'expérience nazie lui avait montré comment nous pouvons être épiés et contrôlés par une dictature. Katherine Albrecht et Lyz McIntyre, les auteures du livre *Spychips*, dénoncent tous les abus auxquels nous devrions nous opposer, alors que le nouveau marketing transforme les marques en culture populaire et fait des consommateurs les médias mêmes des grandes compagnies. Elles ont aussi fondé CASPIAN, un groupe de consommateurs qui combat les systèmes de surveillance du commerce de détail depuis 1999 dans plus de trente pays. En attendant, la technologie RFID est déjà utilisée très officiellement dans beaucoup de pays où des grandes surfaces commerciales envisagent aussi, par exemple, la possibilité d'installer des caisses qui débiteront automatiquement le compte bancaire des clients, ou de mener des enquêtes sur leurs comportements d'achat. Bref, les codes-barres, qui deviennent de plus en plus détaillés avec le système QR, sont désormais complétés par le contrôle à distance des puces. Nous sommes ainsi de plus en plus pris dans l'entrelac serré des réseaux numériques, enregistrés et contrôlés comme des objets.

Et cela peut devenir cauchemardesque. En plus de Big Brother, déjà âgé, il faut donc désormais compter avec ce que nous avons appelé les Little Brothers, qui sont peut-être encore plus problématiques. Car chacun peut aujourd'hui facilement harceler l'autre d'un simple clic, abusant de la diffusion immédiate du cyberespace et de ses médias sociaux, qui sont infiniment plus puissants pour véhiculer la rumeur, la médisance ou le chantage que le monde ancien des villes et des villages. Beaucoup croient qu'ils peuvent agir ainsi dans un total anonymat, ce qui est toutefois de moins en moins vrai.

Mais dans la liste des aspects positifs, il faut souligner aussi le développement de ce qu'on appelle les données numériques ouvertes ou *open data* par les gouvernements qui se plient à l'exigence démocratique de mettre en ligne de plus en plus de données administratives. Cela permet notamment de lutter contre la corruption et la collusion en ouvrant accès à des informations sensibles, comme les dons aux partis politiques, les termes et montants des contrats publics, l'identité des lobbyistes, l'historique des opérations immobilières, les jugements des tribunaux, etc. La gouvernance est ainsi soumise au regard des citoyens, qui peuvent surveiller les choix et les actions de leurs élus. La transparence numérique a donc deux faces : le pouvoir nouveau des polices et des entreprises commerciales, mais aussi le pouvoir nouveau des citoyens de surveiller leur gouvernement.

Et l'histoire ne fait que commencer. Née aux États-Unis, l'application Secret propose depuis peu l'anonymat complet aux utilisateurs. Sur un ordinateur ou un mobile, elle permet d'entrer en communication avec tous les contacts du carnet d'adresses, sans qu'aucun d'entre eux puisse savoir qui met en ligne fantasmes, transgressions, confidences, informations financières privilégiées, propos politiques ou déclarations d'amour. L'anonymité permet à chacun de « se lâcher », de dire ou de médire sans crainte des conséquences. On est alors, pour le meilleur et pour le pire, à l'opposé de la transparence.

## Le capitalisme de l'intelligence

La nouvelle gestion de l'information témoigne de l'impact du numérique sur nos comportements sociaux et nos valeurs et se présente comme une métaphore de notre nouvelle image du monde. Depuis son lancement en 2004, le projet de Google de numériser massivement les livres et de constituer ainsi, en diverses langues, une bibliothèque numérique planétaire, semble progresser irréversiblement. Ses initiateurs annonçaient vouloir mettre en ligne dès 2010 quinze millions de livres tirés des rayons des grandes bibliothèques du monde, soit 4,5 milliards de pages. Google Livres multiplie les ententes et améliore constamment son moteur de recherche, qui retrouve en quelques dixièmes de seconde des extraits ou la totalité des livres que nous demandons, selon le statut légal de l'œuvre et les accords conclus avec les ayants droit. Google propose aussi au lecteur des titres et souvent des résumés d'ouvrages liés au sujet de sa recherche. Autrement dit, ces robots bibliothécaires – puisqu'il est légitime de les appeler ainsi – vont non seulement chercher et livrer immédiatement sur notre écran les livres demandés, ou au moins des présentations et des extraits, mais ils ont aussi le pouvoir de chercher les publications traitant du thème qui nous intéresse. Devons-nous réagir en blasés ? Voilà tout de même un progrès prodigieux.

La France avait d'abord résisté à ce qu'elle considérait comme l'impérialisme américain de Google. La Bibliothèque nationale de France avait contre-attaqué en lançant son propre projet de numérisation francophone, Gallica, avec des budgets conséquents. Son directeur, Jean-Noël Jeanneney, avait même publié un pamphlet : *Quand Google défie l'Europe.* Son propos était très affirmé : « La première réaction, devant cette perspective gigantesque, pourrait être de pure jubilation. Prendrait ainsi forme le rêve messianique qui a été établi à la fin du siècle dernier : tous les savoirs du monde accessibles gratuitement sur la planète entière. Il faut pourtant y regarder de plus près. Et naissent aussitôt de lourdes préoccupations. Voici que s'affirme le risque d'une domination écrasante de l'Amérique dans la définition de l'idée que les prochaines générations se feront du monde. »

Puis Gallica a participé à une démarche plus large, baptisée Europeana. Il s'agissait pour les Français de réaffirmer l'identité culturelle de l'Europe et de diffuser leur patrimoine face à ce qu'ils voyaient comme une américanisation mondiale de la culture. Mais entre-temps, les idées ont évolué. La bibliothèque publique de Lyon, puis d'autres ont signé des accords avec Google pour numériser et mettre en ligne leurs collections patrimoniales (quelque 300 000 titres dans le cas de Lyon). Et la BNF a changé de position, donnant sa bénédiction à ce projet. Il faut dire que Google assume les frais, ne demande aucun monopole d'accès, et que les bibliothèques gardent la maîtrise totale du choix des ouvrages numérisés. Difficile de dire non ! En fait, ici, l'internet sert la diversité culturelle plus qu'il ne lui nuit, même si l'initiateur est américain. Bien sûr, il est indispensable de veiller au respect des droits de propriété intellectuelle – que Google a eu tendance à traiter avec désinvolture – et de veiller à ce que ne s'installe pas de monopole. Certains craignent que Google ne s'assure dans un premier temps de dominer le domaine, pour ensuite en tirer un profit à la mesure de son investissement. C'est une stratégie pour le moins probable, mais on peut douter que Google sera capable d'établir un accès payant à cette bibliothèque numérique planétaire compte tenu des accords conclus avec les partenaires que sont les grandes bibliothèques, et que la compagnie devra respecter les droits d'auteur des œuvres qui ne sont pas du domaine public. Il faudra inventer d'autres modes de rémunération, et nous savons que Google est passé maître dans cet art.

J'en tire deux conclusions. La première est en faveur de Google Livres. On peut espérer que les bibliothèques choisiront de collaborer avec les Google de ce monde dans le respect de leurs mandats et de l'intérêt commun. Cela leur permettra aussi de consacrer leurs efforts à de nouveaux services, et à explorer davantage leurs spécificités complémentaires avec leur déploiement en ligne. Une occasion, en somme, pour les bibliothèques traditionnelles de se réinventer. Ma deuxième conclusion est en faveur du capitalisme de la nouvelle économie numérique. Il a certes des défauts haïssables, mais il a aussi d'étonnantes vertus en termes de créativité et même de « service public ». Même et surtout dans le domaine de la culture. Car il faut le reconnaître : certes, Google est une puissante entreprise américaine, aux visées capitalistes notoires, voire cyniques, mais la compagnie offre aussi un service planétaire gratuit qu'aucun État n'a pu envisager. Et l'aurait-il conçu qu'il n'aurait jamais été capable d'en assurer la mise en œuvre aussi rapidement, à une si grande échelle et avec tant d'expertise. Cette évolution, si radicale, était imprévisible. Elle a été créée par des entrepreneurs extrêmement audacieux et habiles. Voilà le capitalisme de l'intelligence.

## La nouvelle Babel

Fini l'impérialisme grec, romain, espagnol, français ou anglais. Finie la division du monde en deux blocs, capitaliste et communiste. La Chine sera, d'ici trente ou cinquante ans la première puissance du monde. Elle ne redeviendra pas l'Empire du milieu, mais surpassera les États-Unis, mettant un frein au monopole de l'impérialisme américain. Nous nous retrouverons dans un monde multipolaire où un équilibre nouveau pourra se construire entre trois forces dominantes, la Chine, les États-Unis et l'Europe, et plusieurs puissances moyennes telles que le Japon, la Russie, l'Inde, le Brésil ou l'Afrique du Sud. Ce monde devrait être beaucoup plus vivable et respectueux de la diversité des cultures et des identités. Nous habiterons une nouvelle tour de Babel en tirant avantage de la diversité des langues et des cultures, sans plus penser à l'élever jusqu'aux nuages où Dieu était assis.

La Chine est le premier pays manufacturier du monde. Elle produit la quasi-totalité des téléphones portables, et il faudra compter avec la compétition de ses industries spatiales, aéronautiques, ferroviaires et automobiles sur les marchés occidentaux. Le pays consacre des ressources gigantesques à la recherche et au développement dans tous les domaines.

La Chine a pris sa place dans la modernité capitaliste. Y perd-elle son âme ? On a le sentiment, au centre-ville de Shanghai, d'être dans une métropole nord-américaine, et le trafic automobile y est pire qu'à Toronto ou à Boston. Il faut parfois chercher un semblant de toiture chinoise ou regarder les caractères des enseignes pour se rappeler qu'on est en Chine. On voudrait espérer qu'en s'appuyant sur l'immensité de son marché intérieur, la Chine retrouvera le goût de sa propre culture, de ses propres valeurs identitaires, plutôt que d'importer et d'imiter tout ce qui vient de l'Occident. La Chine pourrait concurrencer les empires de Microsoft ou de Hollywood ! Elle est devenue le premier marché de l'art au monde. Inexistante dans ce domaine il y a dix ans, elle a été capable de surpasser dans ce laps de temps les marchés de l'art américain, anglais et allemand.

Dans les années 1980-1990, je cherchais en vain dans les universités chinoises des spécialistes de l'animation par ordinateur ou du multimédia. Aujourd'hui, on observe la multiplication des entreprises de technologies numériques, des parcs industriels et des cités du multimédia hautement compétitifs. Dans le domaine de pointe des technologies numériques la Chine connaît un développement exponentiel. Elle va passer de l'étape du rattrapage à celle du leadership, du *made in China* au *created in China*. Même si elle est encore retenue par une culture traditionnelle de l'imitation qui inhibe ses capacités d'innovation, elle veut gagner et se prépare à le prouver !

Et parce que la Chine, de tradition confucéenne et collectiviste, est une société matérialiste, dont la morale sociale, agnostique, ne nourrit aucun intégrisme religieux, aucun fanatisme binaire, mais favorise plutôt le réalisme commercial, et parce que son peuple aspire désormais à accéder à son tour à la société de consommation, sa montée en puissance est souhaitable pour l'équilibre multipolaire de la planète. Il faut admettre des paradoxes lorsqu'on veut promouvoir la diversité linguistique et culturelle. Le rôle grandissant de la Chine, qui défend désormais, du moins officiellement, cette diversité, va concurrencer la domination de l'anglais et donc relégitimer dans les échanges internationaux les autres langues, qui sont aujourd'hui marginalisées. En 2015, le mandarin sera la première langue des contenus en ligne, devant l'anglais. Il y a déjà plus de Chinois que d'Américains connectés.

Il faut aussi souligner le rôle, non moins paradoxal, des grandes transnationales du numérique, qui sont devenues plus puissantes que beaucoup d'États. Certes, il est inquiétant de remettre le sort de la diversité culturelle entre les mains de compagnies américaines comme YouTube, Google, Facebook, Twitter et autres Flickr. On a vu ce qu'il est advenu de la liberté du cinéma face à l'impérialisme de Hollywood. Mais un immense pas a quand même été franchi grâce à elles. On y trouve de plus en plus toutes les langues et cultures. Objectivement, qui fait mieux ? Certes, il faut nous entêter à les encadrer, à les réguler, mais plusieurs États ont gagné de sérieuses batailles contre elles, et leurs marchés mondiaux les pousse à accueillir les langues et les contenus de tous les groupes, y compris ceux qui sont marginaux, voire divergents.

## L'émergence de l'Afrique

Victimes de leur pensée linéaire, les Occidentaux ont cru que l'écart avec leurs concurrents ne pouvait que se creuser. Ils étaient aveugles à toute éventualité de changements contextuels, ruptures, divergences ou surprises qui pourraient redistribuer les cartes. Le journaliste Jean-Jacques Servan-Schreiber, fondateur du magazine *L'Express*, connut un immense succès de librairie en 1967 avec son livre *Le défi américain*, qui décrivait l'avance des États-Unis dans les domaines stratégiques de la recherche scientifique, de l'industrialisation, de la gestion et du commerce. Jugeant que cette avance tendait à créer par sa propre dynamique une puissance toujours plus grande, et donc irréversible, il concluait que l'écart avec l'Europe ne pourrait que s'accroître. La rationalité brillante de cet essai fut unanimement saluée et le livre fut immédiatement traduit en plus de quinze langues et vendu à des millions d'exemplaires. Pourtant, cette vision apparaît aujourd'hui simpliste. Il est vrai que les difficultés actuelles des États-Unis tiennent à des paramètres internes de gouvernance et de culture et qu'on assiste à l'émergence d'autres pays, notamment ceux du BRICS (Brésil, Russie, Inde, Chine, Afrique du Sud), difficile à prévoir. Mais ce sont précisément les facteurs de divergence difficiles à concevoir plus que la continuité des acquis qui décident du futur.

Le rationalisme linéaire est une faiblesse de l'esprit. Dans les années 1960, on croyait encore que l'Afrique était « mal partie », selon le titre du fameux livre de René Dumont. Et au tournant du millénaire, on déclarait que l'Afrique était un continent sans avenir, condamné à s'enfoncer toujours plus dans ses propres incapacités, luttes ethniques, et valeurs archaïques. Un président français a même osé déclarer que le problème de l'Afrique, c'est qu'elle n'était pas entrée dans l'Histoire. On lui attribuait des handicaps irrémédiables.

L'émergence de l'Afrique noire qui se dessine actuellement nous surprend donc. Nous avons tendance à continuer à voir plus ses difficultés manifestement persistantes que les changements qui s'opèrent. Pourtant, depuis les années 2000, l'Afrique a connu un taux de croissance de 5,3 % qui tend encore à augmenter malgré la crise mondiale. Cela tient notamment à un taux élevé d'investissement étranger, venant surtout des pays du BRICS, qui est passé, selon le cabinet d'audit Ernst & Young, de 3,2 % à 5,6 % des investissements mondiaux entre 2007 et 2013. Bien sûr, les immenses ressources naturelles, notamment minières et hydroélectriques, de l'Afrique sont un facteur d'attraction, notamment pour la Chine, qui y investit beaucoup. Mais ces investissements portent aussi sur les infrastructures portuaires, routières, ferroviaires, urbaines et les télécommunications. On observe un développement rapide de l'urbanisation et de l'entrepreneurship local, et une grande capacité d'innovation (catalysée par les difficultés). On compte d'importants réseaux satellitaires et de fibre optique, qui soutiennent ce développement et favorisent les échanges commerciaux. Les tableaux de bord statistiques de l'Afrique noire laissent prévoir un marché intérieur qui atteindra bientôt les mille milliards de dollars. Et la logique voudrait, sauf catastrophe imprévisible, que ce développement enfin rapide connaisse, lorsqu'il atteindra une masse critique, une accélération, ou au moins une consolidation durable, qui mettra l'Afrique au même rang que l'Inde ou l'Amérique latine.

Cette montée en puissance, qui est liée à des évolutions politiques plus démocratiques dans plusieurs des pays africains, à la formation d'élites et d'experts dans les universités étrangères et africaines, mais aussi à une plus grande concurrence des pays étrangers investisseurs, constitue certes un défi pour les anciennes puissances coloniales, notamment la France, qui voudrait maintenir sa chasse gardée. Mais elle est aussi la seule chance pour la langue française de n'être pas reléguée dans un avenir proche à une position marginale. Car l'Afrique comptera pour 20 % de la population mondiale en 2050, avec 1,8 milliard d'habitants, mais aussi pour 80 % des 600 millions de francophones de la planète. C'est donc de l'Afrique que dépendra l'avenir du français, et non plus de la France, encore si sûre d'elle-même et trop souvent insouciante à cet égard. Quel retournement de situation !

## Le numérique alternatif

Pour évoquer les nouvelles possibilités de développement qu'offrent les industries numériques aux pays du Sud, je prendrai l'exemple de Cuba. Ce pays a choisi la divergence politique. La révolution castriste de 1959 l'a emporté sur le dictateur Batista qui avait fait de l'île un paradis de casinos, de débauche et de corruption sous domination américaine. Il est difficile d'ignorer toutes les critiques des démocraties marchandes contre cette petite île dont le régime s'obstine dans son rêve de société communiste et qui subit la logique souvent perverse de ce choix. Sa population paye très cher le prix de cette voie alternative, mais bénéficie de politiques d'égalité sociale et raciale, de santé publique, d'éducation, et de culture uniques dans les Caraïbes. Parmi de nombreux événements internationaux organisés à La Havane, le congrès international INFORMATICA accueille tous les deux ans quelque deux mille participants d'une vingtaine de pays, en particulier d'Amérique latine. Un câble sous-marin relie désormais l'île au Venezuela et donc au Web mondial avec beaucoup plus de vitesse et de largeur de bande que ne le permettait le satellite. Cuba a aussi bâti une faculté d'informatique importante et dispose ainsi d'une expertise numérique unique dans la région. L'île a développé des services numériques locaux pour soutenir ses priorités en santé publique, en éducation et en culture, et cela malgré des ressources financières très limitées. Il y a à Cuba un ministère dévolu à l'informatique, ce qui est rare, et de nombreuses entreprises et institutions fournissent des services internet et des solutions multimédias. En outre, le projet Nova lancé par le gouvernement en 2009 a permis de développer un système d'opération très complet basé sur le logiciel libre. Il est donc possible, même dans un pays pauvre, d'investir dans la recherche et les applications numériques alternatives à celles du Nord.

L'inventivité africaine pour créer des services mobiles performants de banque et de micropayement, de santé publique, d'éducation, de prévention, d'emploi, etc., montre bien que ce continent, qui compte aujourd'hui peut-être plus de téléphones cellulaires que de prises électriques, pourrait aussi être un incubateur d'applications technologiques mobiles pour les pays émergents.

Au Brésil, le gouvernement a mis au point un téléphone intelligent pour le recensement de 2011. Cela a permis aux agents des services démographiques d'interviewer directement, sans formulaire écrit, les citoyens, analphabètes compris, en enregistrant sur écran les réponses au questionnaire, envoyées directement au serveur central pour y être colligées. En outre, ce téléphone a permis de géolocaliser automatiquement tous les répondants, dispersés dans un pays immense, souvent sans cadastre, et de donner ainsi à tous une identité nominale individuelle dans les bases de données du registre civil, indispensables pour les services publics (santé, éducation, aide familiale ou à l'emploi, etc.).

De même, en Inde, pays dont la population atteint 1,2 milliard d'habitants, le gouvernement a entrepris d'établir une identification civile pour tous, même pour les plus démunis des villes et des zones rurales, qui sont encore le plus souvent sans identité, et donc sans droits, du fait de carences administratives persistantes. Quartier après quartier, village après village, de nombreuses petites équipes se sont employées à enregistrer les empreintes digitales et l'iris des citoyens pour leur délivrer une pièce d'identité biométrique infalsifiable qui leur permettra enfin d'exister civilement, de voter, d'ouvrir un compte en banque, de s'adresser aux administrations publiques afin d'obtenir les services fondamentaux auxquels ils n'avaient auparavant accès que selon le bon vouloir des autorités locales et en échange de pots-de-vin. L'OCDE a estimé que ce sont ainsi quelque 85 % des milliards de dollars versés par l'État en services pulics qui sont détournés par les fonctionnaires et les chefs de villages ! Le programme, appelé Aadhaar, se fait au rythme d'un million de personnes par jour et sera bientôt complété grâce à ce dispositif numérique léger et au mécénat de Nandam Nilekani, un riche entrepreneur qui a convaincu le gouvernement de lancer l'opération.

Elles sont en fait innombrables, ces innovations en technologies numériques qui pourraient contribuer au développement durable des pays du Sud. Il faudrait seulement qu'une petite partie des milliards de dollars des industries numériques soit investie aussi dans ce développement numérique des pays pauvres.

Alors que les industries numériques du Nord sont aujourd'hui orientées principalement vers la technoscience, la finance, l'économie, la gestion, le commerce et le divertissement – parfois associés dans le mot « *retailtainment* » (*retail and entertainment*), nous évoquons ici l'autre face du numérique, à peine émergente, mais promise à un développement majeur : celui du développement numérique des pays pauvres.

## Le numérique décolonisateur

Considérer le cybermonde comme un univers virtuel apolitique, sans pesanteur sociologique, relève de la plus grande naïveté. Il y a dans le monde virtuel autant de luttes de pouvoir, de conflits politiques, économiques, sociaux, culturels, autant de féodalités que dans le monde réel. Le virtuel reflète le réel comme une superstructure, dirait Marx, qui en soulignerait aussi les rapports dialectiques. Alors peut-on être explicitement et activement un homme engagé dans le monde virtuel ? Oui, et c'est même de la plus grande nécessité pour y poursuivre la lutte qui se mène quotidiennement dans le réel. Et le numérique pourra servir les engagements de gauche autant – et plus – que ceux de droite.

On se demande toutefois comment les peuples indigènes de cultures radicalement différentes qui tentent de préserver leur identité vont résister à l'énorme pouvoir de la technoscience actuelle. Risquent-ils de s'exposer par elle à une acculturation fatale ? Devraient-ils s'isoler frileusement des pressions de la modernité technologique ou s'en servir pour se développer selon leur propre dynamique, au risque de « devenir des étrangers dans leur propre culture », selon l'expression du sociologue latino-américain Nestor Garcia Canclini ? Comment répondre à la double contrainte de la préservation de l'identité et de la modernité numérique ?

Il s'agit en fait d'un faux dilemme. L'étanchéité culturelle n'est possible aujourd'hui pour aucun peuple, à moins de s'enfermer dans une réserve comme dans un parc naturel interdit aux visiteurs. Par ailleurs, toutes les cultures dites dominantes ont su s'exposer à des échanges culturels et renforcer leur dynamique en intégrant des éléments étrangers. Il est certain qu'en adoptant les technologies numériques, les peuples qu'on appelle « indigènes » dans un vocabulaire postcolonial, en subiront l'influence et, comme toute société, évolueront dans un dialogue interculturel. Plutôt que de rejeter la technologie comme les Amish, ces peuples aujourd'hui marginalisés devraient adopter les outils numériques pour renforcer et promouvoir leur identité et leur culture. La technologie n'est évidemment pas neutre. Mais on peut sur l'internet parler de Jéhovah autant que d'Allah, des esprits des ancêtres et de la nature autant que des crimes urbains et de la crise financière. On ne renonce pas à sa culture, ni à son identité en montant dans une voiture ou dans un avion, ou en téléphonant. Au contraire, on élargit sa conscience et on prend sa place dans l'actualité et la diversité de la volonté-monde.

Il ne faut certes pas confondre progrès et développement. Dans le cas des technologies numériques, le progrès est certain, mais entraîne-t-il automatiquement un développement humain ? Rien n'est moins sûr. Ce sont ses utilisateurs qui peuvent en décider. Dans un premier temps, on constate certes que la fracture numérique touche encore 80 % de la population mondiale, et contribue donc largement à renforcer le pouvoir du Nord sur le Sud. Mais est-ce une fatalité ? Certainement pas. Déjà, nous pouvons observer que beaucoup d'organismes à but humanitaire usent des technologies numériques comme d'un puissant outil de développement, que ce soit pour dénoncer les violations des droits humains, consolider des micro-initiatives économiques, remédier à l'absence de système bancaire, ou pour la prévention médicale et l'éducation. Le numérique aide aussi les groupes locaux à communiquer par internet lorsque les infrastructures de transport sont déficientes. J'ai pu le constater personnellement en Afrique, notamment au Rwanda dans le cas des réseaux de femmes, qui échangent ainsi de l'information et coordonnent à distance leur action en faveur des familles victimes du génocide.

J'ai participé à Cuba, dans le village de Gibara, au Festival Cine Pobre, rencontre initiée par Humberto Solas qui réunissait des producteurs et réalisateurs de cinéma de fiction et documentaire, principalement latino-américains, ne disposant que de très modestes budgets, mais enfin capables, grâce au numérique, de produire et de diffuser leurs œuvres. J'y ai rencontré aussi des représentants des peuples indigènes de Bolivie, du Pérou et du Brésil, qui mettent entre les mains des groupes autochtones des caméras numériques pour montrer et promouvoir leurs propres cultures. Même avec des moyens financiers minimaux, ces initiatives permettent de créer et de faire circuler des documentaires de qualité. Nous savons qu'il existe en Afrique des démarches semblables, réalisées notamment avec les camionnettes équipées par le réseau « Cinéma numérique ambulant » (CNA). De même, au Canada, l'Office national du film a lancé en 2004 le projet Wapikoni mobile, mené par la réalisatrice Manon Barbeau avec un camion-studio : de jeunes autochtones produisent des documentaires et des courts-métrages de fiction sur les cultures et la vie des Attikameks, des Algonquins et bientôt des huit Premières nations. Ils retrouvent et valorisent ainsi leurs racines identitaires. Le chanteur montagnais Florent Vollant le dit : « En une génération, nous, les Innus, nous sommes passés de la raquette à l'internet. »

On a pu entendre au Sommet mondial sur la société de l'information de Genève, en 2003, force déclarations illusoires sur les progrès extraordinairement rapides qu'auraient faits les pays du Sud dans l'usage des technologies numériques. Je me souviens des propos de la première ministre du Bangladesh, qui prétendait nous faire croire que la population de ce pays, pauvre parmi les pauvres, disposait d'un accès de plus en plus généralisé à l'internet. Je me rappelle aussi, entre autres, un documentaire où des pêcheurs sénégalais consultaient par internet les cours mondiaux des marchés du poisson sur les esquifs qui les ramenaient vers le port où ils allaient vendre leurs prises à la criée. On n'entend même plus parler aujourd'hui du Fonds de Solidarité numérique officiellement lancé à Genève en 2005 en présence de plusieurs chefs et hommes d'État par le président sénégalais Abdoulaye Wade, déclaré « père fondateur de la Solidarité numérique ».

Mais au-delà des gestes symboliques, les groupes les plus actifs ont par internet des échanges réguliers ; des réseaux de solidarité se constituent entre les organismes humanitaires, les groupes minoritaires, les autochtones canadiens, chiliens, américains, etc. Modestement, mais de façon évidente, les accès internet se multiplient dans les zones éloignées, jusque dans des villages de brique d'adobe. Des animateurs sociaux, des enseignants, des aides médicaux peuvent projeter sur des écrans de fortune des documentaires DVD qui les aident à faire de la prévention et de l'éducation. Avec la vidéo, ils surmontent l'obstacle de l'analphabétisme. Grâce au numérique, et notamment à l'internet, les populations amérindiennes pensent désormais à produire non seulement leur propre cinéma, mais aussi leurs médias d'information. Il s'agit là d'une étape essentielle dans la lutte de ces sociétés marginalisées par la colonisation pour maintenir en vie leurs cultures, leurs langues et leurs identités, et pour faire reconnaître leurs droits fondamentaux, traditionnellement niés par les médias de masse contrôlés par les pouvoirs politiques et économiques des métropoles.

Nous assistons aux premières initiatives d'une révolution politico-numérique qui contribuera à démocratiser l'information en général, et permettra aux groupes minoritaires et périphériques en particulier de reprendre la parole et d'assumer leur développement dans une dynamique alternative autonome. Ainsi, au Guatemala, Rigoberta Menchu, prix Nobel de la paix 1992, a-t-elle lancé en 2008 une télévision indigène, TV Maya, qui émet dans les 23 langues mayas. Cette chaîne, « lumière, voix et image des peuples mayas », ne diffuse pour l'instant que trois émissions par jour, et son modeste budget annuel de 264 000 $ ne lui permettrait pas d'exister sans les nouvelles possibilités qu'offrent les technologies numériques. Et je n'oublierai pas l'œuvre d'un artiste cubain qui présentait en 2007 une sculpture en bois peint d'assez grande taille représentant une femme indigène assise devant un ordinateur, tenant à la main un éventail pour se rafraîchir.

Certes, il est tout aussi naïf de diaboliser les technologies numériques que d'attendre d'elles qu'elles agissent comme une baguette magique. Mais alors qu'on voyait encore récemment le numérique comme un outil puissant de l'impérialisme, du néolibéralisme et de la mondialisation à l'américaine, il est aujourd'hui permis de penser, au contraire, qu'il contribuera de plus en plus à la décolonisation et au développement. Voilà une belle divergence qui s'annonce !

## Guerre et paix numériques

Depuis les guerres napoléoniennes que décrivait Tolstoï dans *La guerre et la paix*, les technologies militaires ont changé du tout au tout. Oubliez les chevaux et les boulets de canons, et même les chars : nous sommes passés au numérique. McLuhan l'avait souligné : c'est la guerre qui fait le plus progresser les technologies. Ce fut vrai pour la maîtrise du feu, puis du fer. Il en va de même aujourd'hui avec l'âge du numérique.

On a pu comparer les guerres actuelles à des jeux vidéo. Le général américain Schwarzkopf, responsable des opérations lors de la première guerre d'Irak, avait lui-même fait cette comparaison lors d'une entrevue à la télévision en évoquant les militaires commandant à distance, à partir des États-Unis, les opérations sur le terrain. Ils commandent aujourd'hui les frappes des drones avec des images satellite étonnamment précises. On sait d'ailleurs que l'entraînement des soldats se fait désormais, comme celui des pilotes, avec des écrans de simulation et des consoles de jeux vidéo. Ils sont ou seront éventuellement équipés d'exosquelettes capables de décupler leurs forces physiques et de prothèses numériques leur permettant d'être branchés en permanence entre eux et avec leur commandement, de voir la nuit et de détecter des déplacements d'objets ou d'êtres humains cachés (vision intelligente et GPS), etc. Et on imagine déjà des guerres menées sans humains, par des soldats-robots.

Les conflits sont aussi des guerres de communication. L'internet a été d'abord développé par les militaires américains pour construire des réseaux de communications « afocaux » que l'ennemi ne pourrait pas détruire. On utilise désormais des satellites espions permettant une surveillance globale des communications (le réseau Echelon, mis en place dès les années 1990 par les Américains et les pays du Commonwealth). Il s'agit notamment de surveiller tous les messages sensibles en les scannant et de satisfaire ainsi aux demandes d'intelligence des services secrets. Face aux menaces terroristes, ces infrastructures de cybersurveillance militaire et même civile (avec le Patriot Act) ont été puissamment renforcées. Lors de la guerre de Yougoslavie de 1999, les Américains ont utilisé des bombes au graphite pour brouiller les communications ennemies, notamment au-dessus de Belgrade, et rendre ainsi inopérants les états-majors serbes.

Des hackers professionnels sont désormais au service des Chinois, des Russes et des Américains, qui s'envoient secrètement des virus, des logiciels espions, et s'efforcent en permanence de déchiffrer les mots de passe des armées ou des réseaux électriques, soit pour s'y introduire, soit pour les paralyser. Cette cyberguerre est devenue permanente, et par moments très virulente. Les bunkers de béton armé de la Seconde Guerre mondiale ont laissé place aux *firewalls* sophistiqués des réseaux numériques, que les adversaires tentent sans interruption de percer. Nous voici à l'âge de la *i-defense* et de la guerre électronique. Le sujet semble inépuisable et les technologies sont en constant développement. La guerre devient virtuelle par ses outils, mais elle détruit l'adversaire de manière bien réelle.

Nous avons parlé de la guerre. Et la paix ? Bénéficie-t-elle, elle aussi, des progrès du numérique? Sans doute la parité des capacités numériques des grandes puissances assure-t-elle une sorte d'équilibre, comme celle des armes nucléaires. La dissuasion numérique existe, chacun se sentant vulnérable à l'autre. Mais le numérique est manifestement aussi un outil de démocratie, de développement et d'éducation de plus en plus efficace. Les organismes humanitaires, qu'ils se consacrent à la défense des droits de l'homme, aux luttes écologiques, ou à l'aide aux populations démunies, recourent de plus en plus à lui et en retirent une efficacité nettement accrue. Les laboratoires de biologie ne servent pas tant à fabriquer des armes biologiques – théoriquement interdites – qu'à développer des médicaments et des vaccins. Certes, mais même en incluant la médecine dans les activités humanitaires, même en comptant les efforts des Nations unies dans leur ensemble, qui oserait penser que les investissements dans le numérique pour la paix comptent pour beaucoup, alors que ceux qui sont faits pour la guerre engloutissent des milliards ? Moi-même membre du Regroupement des Artistes pour la paix, je dois admettre qu'il faut être un optimiste convaincu pour croire que cette sinistre proportion évoluera peu à peu en faveur d'un âge du numérique pacifiste. L'horizon de cet espoir, pourtant si légitime et de simple bon sens, nous paraît encore bien lointain. La paix est une conquête plus difficile et incertaine que celle du numérique, même si elle serait pour l'humanité un bienfait infiniment supérieur au progrès technologique. L'algorithme de la paix reste à inventer. Il nous faudrait une volonté... numérique, mais sans devenir des cyborgs ! Pourtant, je suis convaincu que le jour viendra où nous y parviendrons, avec nos cerveaux d'hommes.

# 5

# LE VIEUX MONDE VA-T-IL DISPARAÎTRE ?

## Quid du vieux cybermonde ?

Fondé sur le progrès de technologies numériques en perpétuel renouvellement, le cybermonde vieillit plus vite que l'ancien monde. Déjà plus de vingt ans ont passé depuis l'explosion du Web. Nous avons oublié l'époque des lignes de programmation austères s'affichant en jaune ou en vert sur des écrans noirs. Les imprimantes bruyantes qui crachaient lentement des accordéons de papier ont cédé la place à de petites machines qui débitent en silence des pages en couleur. Le spaghetti des câbles disparaît face aux conquêtes du sans-fil et du Bluetooth. Les technologies numériques se cannibalisent. Elles obéissent à cette logique de compétition technologique et commerciale qui consiste à produire et lancer sur le marché, à une cadence toujours plus rapide, des produits nouveaux qui rendent obsolètes ceux de la veille. La loi de Moore règne sur le cybermonde et met les équipements informatiques au rancart à un rythme effréné. On s'indignerait désormais de devoir se connecter sur une ligne téléphonique. On est passé des disquettes grand format aux clés USB qui offrent une capacité de stockage infiniment plus grande, et le *cloud computing* – le fameux nuage –, est en passe de rendre caduc le stockage local. Les gros écrans cathodiques ont été remplacés par des écrans plats légers. Les ordinateurs professionnels et personnels ont pris de la puissance en proportion inverse de leur taille. Le renouvellement des logiciels et systèmes d'exploitation n'est pas moins rapide.

Nous allons évoluer vers une utilisation nomade ou « embarquée » de l'informatique, encore impensable il y a seulement dix ans. Le numérique va devenir de plus en plus ce que McLuhan appelait un « prolongement technologique de notre corps ». L'ordinateur va devenir un vêtement que nous porterons sans même y penser. L'*homme branché* sera connecté en permanence, mais ses vêtements numériques vieilliront vite ! Beaucoup plus vite que nous, qui, espérons-le, verrons s'allonger spectaculairement notre espérance de vie.

Le futur vieillit plus vite que le passé, le neuf nous indiffère rapidement. Ce n'est pas que nous serions de plus en plus vite blasés, car, inversement, plus le passé est reculé, plus il nous intéresse. Pris dans un tourbillon de changements technologiques généralisé, nous prenons conscience de l'évolution de notre espèce comme d'une donnée première de notre aventure. Nous nous interrogeons donc de plus en plus sur le sens à lui donner et nous souhaitons déchiffrer dans le passé lointain les secrets de la vie et de l'univers que nous espérons créer demain, à notre main.

## Que vont devenir les vieux médias ?

On ne parle plus aujourd'hui que des nouveaux médias. En Chine, cette constatation s'impose à vous plus que partout ailleurs, surtout dans le district de Daxing, dans la « China New Media Development Zone », à quarante minutes au sud de la place Tiananmen. Cette zone en plein développement, créée par le gouvernement central s'étend sur quinze kilomètres. Il y en a beaucoup d'autres de ce type en Chine, où l'on a décidé de privilégier cinq villes pour un investissement massif : Beijing, Shanghai, Chengdu, Shenyang et Guangzhou, sans compter Hong Kong. Il est vrai que c'est la Chine qui, la première, a inventé l'écriture, puis l'imprimerie. Elle est aujourd'hui en passe de devenir la première puissance numérique du monde !

Mais même ailleurs dans le monde, qui ose encore faire l'éloge des vieux médias ? Beaucoup annoncent que les jours du journal papier sont comptés. Même le DVD est déjà un vieux média, chacun téléchargeant sa musique et ses films. On annonce aussi que les blogues et les courriels vont disparaître, qu'il vaudrait mieux communiquer sur Facebook, Twitter, ou sur une plateforme de jeu pour avoir une chance d'être lu. On assiste à une accélération fébrile. Tout vire au numérique, et tout migre en ligne. À croire que l'être humain lui-même habitera bientôt sur le Web et que son simulacre terrestre, que Dieu a fait à son image, dans une glaise archaïque, est condamné à disparaître. L'excès est tel que nous serions en droit de nous demander si nous ne sommes pas victimes d'un mirage, d'un simulacre trompeur, d'un miroir aux alouettes qui nous semble plus vrai que le réel. Toutefois, on ne saurait assimiler la divergence à la seule nouveauté technologique. Gandhi en donna un exemple particulièrement convaincant, et nous avons déjà considéré le mouvement hippie comme une divergence, modeste, certes, mais réelle. De même, prôner aujourd'hui la « simplicité volontaire », la recherche du silence, le goût de la lenteur, ou la résistance à la tyrannie des marques sont des formes de divergences porteuses d'avenir. J'oserai affirmer que j'aime mieux lire un livre papier qu'un Kindle ; que j'aime mieux, dans le métro, ou chez moi, en prenant mon café, lire un journal papier que l'écran d'un téléphone portable, même si les nouvelles y sont moins immédiates. On m'objecte les habitudes des jeunes qui n'ouvriraient plus de livres, sauf en classe où on les y contraints. C'est vrai qu'ils ne lisent pas les journaux papier, et qu'ils sont toujours sur l'internet. Mais les lisaient-ils jadis ? On oublie que le comportement des jeunes ne préfigure pas celui qu'ils auront à l'âge adulte. Et on oublie aussi les millions d'adolescents qui ont dévoré les énormes volumes de la série Harry Potter, entre autres. Il n'est pas nécessaire d'être prophète pour affirmer que les vieux médias, livres et journaux papier, radio, télévision, cinéma en salle, vont de plus en plus devenir des luxes, comme le silence, le yoga, le jardinage, la cuisine, la randonnée ou la pêche. Mais ils ont encore un bel avenir devant eux !

La divergence, lorsqu'elle prend la forme d'un effet de mode ou d'une apparence de nécessité superficielle, comme celle d'avoir toujours un téléphone intelligent à la main et un écouteur dans l'oreille, n'en est plus une. Celui qui se promène toujours avec à l'oreille un récepteur Bluetooth nous fait déjà pitié, comme un esclave soumis. La liberté demeurera toujours la plus grande des divergences.

## La poubelle du numérique

On a souvent souligné que les nouvelles technologies sont beaucoup moins menaçantes pour l'environnement que les anciennes, qui étaient basées sur les ressources naturelles et terriblement polluantes. L'esprit du temps aussi a changé, en raison de l'urgence créée par les bouleversements climatiques. L'encyclopédie participative en ligne Ekopedia, déjà publiée en dix langues, s'efforce de recenser et mettre en ligne les problèmes et les solutions écologiques auxquels nous devrions prêter attention. Les communications par ordinateur, incluant les courriels, les sites d'information, la publicité, les documents professionnels et maintenant les billets, factures, et autres formulaires électroniques tendent à réduire l'utilisation du papier et contribuent à préserver des forêts. La réclame des manufacturiers canadiens nous montre des images idylliques d'usagers d'ordinateur portable sur un ponton, au bord d'un lac aux eaux cristallines. Et il faut souligner ce que les industries douces de l'environnement doivent au numérique. On ne conçoit plus l'écologie sans l'imagerie numérique, qu'il s'agisse de la détection des variations de la couche d'ozone, des relevés par satellite des densités de plancton dans les océans, des capteurs fins de pollution atmosphérique ou des modélisations et simulations, qui seraient impensables sans les logiciels sophistiqués auxquels on recourt désormais quotidiennement. Nous usons d'algorithmes, par exemple pour suivre l'évolution de la biodiversité et évaluer les impacts conjugués des divers paramètres humains, biologiques et météorologiques. La société Double Helix Tracking Technologies a mis au point un appareil à séquencer l'ADN des végétaux, qui permet de retracer l'origine des arbres qui sont exploités dans l'industrie du bois. Non seulement chaque espèce d'arbre possède-t-elle un ADN distinct, mais les variantes d'origine géographique s'y déchiffrent comme des codes postaux. Cela permet de repérer le bois venant de coupes forestières illégales : un arbre sur cinq de l'industrie forestière mondiale. Trente des 150 milliards de dollars du chiffre d'affaires annuel de l'industrie sont contrôlés par des fraudeurs, et c'est l'équivalent de l'Irlande qui part chaque année en déforestation illégale. Les technologies numériques qui permettent ce type de détection infalsifiable vont devenir de plus en plus efficaces et bon marché. À cet égard, le rapport traditionnellement conflictuel entre technologie et nature s'est en partie inversé.

Mais peut-on pour autant parler d'une électronique verte ? S'il est vrai que quinze ordinateurs créent autant de gaz à effet de serre qu'une voiture, comme le souligne la publicité d'un logiciel qui prétend contribuer à sauver la planète, nous allons certes devoir changer nos habitudes en éteignant les ordinateurs inactifs. Google a décidé d'investir dans les énergies renouvelables en admettant qu'il est un énorme consommateur d'électricité avec ses serveurs géants.

Mais il y a bien pire : selon le Programme des Nations unies pour l'environnement (PNUE), nous produisons entre 20 et 50 millions de tonnes de déchets électroniques chaque année dans le monde. Les sites d'enfouissement s'emplissent désormais de téléviseurs, d'ordinateurs et téléphones cellulaires, que nous mettons au rebut avec leurs batteries, ce qui constitue une pollution électronique massive et encore plus menaçante lorsque ces déchets sont incinérés. On a pu estimer à quelque 15 kg par personne et par an la quantité de déchets électroniques toxiques et non biodégradables, notamment du plomb, du cuivre et du cadmium. Et selon le Rapport de la convention de Bâle (2011), le Ghana est devenu champion africain du recyclage des déchets électroniques, dont il a fait une véritable industrie, assurant un salaire de misère à quelque 30000 personnes. Le Nigéria est quant à lui le deuxième pays importateur de déchets électroniques, notamment d'Europe, pour fins de retraitement local. Étonnant paradoxe de la fracture numérique, même s'il faut aussi faire la part du recyclage des appareils électroniques sur le marché africain. Ainsi, le rapport du PNUD souligne qu'à Lagos, on compte plus de 5000 petites entreprises qui emploient 15000 ouvriers pour donner une nouvelle vie aux vieux ordinateurs et téléphones cellulaires. Une question demeure entière : celle des conditions de sécurité du travail de retraitement et de recyclage, qui font souvent défaut.

La corbeille de nos écrans d'ordinateur ne reçoit que les fichiers dont nous voulons nous débarrasser. Malheureusement, il y a des pays-poubelles pour les déchets électroniques eux-mêmes. Un pays comme la Chine, principal manufacturier de ces équipements, a pris conscience du danger et propose de récupérer tous ces déchets, rapatriés des pays clients, pour les recycler, notamment à Guyu, mais au prix de graves menaces pour la santé des ouvriers qui sont soumis aux émanations de ces matières toxiques. L'usage de plus en plus répandu des batteries, désormais aussi utilisées pour les voitures hybrides, augmente l'ampleur du défi. Le droit international oblige désormais théoriquement les pays à traiter leurs déchets dangereux sur leur propre territoire, mais tous trichent.

Il faudra porter une attention particulière à ces problèmes nouveaux, développer des ordinateurs plus biodégradables ou recyclables, apprendre à contrôler la récupération des composants polluants, réutiliser les équipements, notamment à des fins éducatives et de développement dans les pays démunis. Le « consommer et jeter », axiome du capitalisme dit évolué, est devenu à l'âge du numérique une lourde menace écologique. C'est aussi un problème d'éducation et de gestion. Des organismes internationaux, notamment Greenpeace, ont entrepris de vastes campagnes de conscientisation. L'Europe, qui produit déjà annuellement quelque six millions de tonnes de déchets électroniques, a légiféré. Mais ses directives écologiques sont mal respectées. L'Amérique du Nord est, à cet égard, encore plus en retard. Au Canada, Duncan Bury, du Bureau national de la prévention de la pollution, soulignait en 2008 que « nous devons nous attaquer à ce type de risque environnemental qui, bien entendu, n'existait pas il y a dix ans ». Il ajoutait : « Au Canada quelque 158 000 tonnes de déchets électroniques sont éliminées chaque année. Si rien n'est fait, nous verrons ce chiffre grimper continuellement, compte tenu des durées de vie du matériel et de l'arrivée constante de nouvelles applications, de plus grande ampleur. »

## Comment échapper à l'Alzheimer numérique ?

La vieille culture va-t-elle migrer vers les réseaux numériques pour y rejoindre la nouvelle ? Les musées, les grandes bibliothèques, les salles d'orchestre, les maisons de la culture, les aquariums, les zoos, les cirques vont-ils disparaître du vieux monde physique et se développer dans les territoires virtuels ? On peut en douter : les chiffres de fréquentation de ces institutions, en croissance spectaculaire, montrent que l'intérêt du public ne faiblit pas, bien au contraire. Nous jouirons plutôt des vertus des deux mondes, le réel et le virtuel. Je suis de ceux qui se méfient de l'intégrisme technonumérique, comme de toute utopie, même si je me suis activement engagé dans ce champ depuis les années 1980.

On a découvert depuis peu le talon d'Achille de la mémoire numérique. Nous avons tous eu les oreilles qui bourdonnaient de ce refrain qui dénonçait la fragilité du papier et du celluloïd pour réclamer que tous les livres et tous les films soient numérisés. On parlait d'une course contre la montre pour sauver notre mémoire culturelle grâce à cette technologie magique. Alors, nous avons investi beaucoup d'efforts et d'argent, dans des secteurs d'activité où les budgets sont pourtant limités. Mais en fait, on a constaté qu'il n'y a rien de plus vulnérable que la mémoire numérique. Lui faire confiance, ce serait presser le pas vers l'oubli. Un danger majeur, car nous avons perdu aussi les vertus de mémoire des civilisations orales. Nous devrions alors nous préparer, nous résigner à une culture sans mémoire.

N'oubliez pas, vous qui utilisez ces petites merveilles que sont les appareils photos numériques, d'imprimer vos images sur du simple papier, sous peine de ne plus avoir rien à montrer à vos enfants quand ils vous demanderont des photos de leur enfance. Dans l'état actuel, le numérique est le moins recommandable des supports de conservation. La vertu du numérique n'est aucunement dans la conservation. Elle est dans l'accès.

Le numérique produit et diffuse à l'échelle planétaire de façon immédiate. Et tout cela est apparu en une dizaine d'années. Imaginer ce qu'il sera dans vingt ou trente ans dépasse même nos capacités. Mais tout ce flot passera-t-il comme l'eau sous les ponts, sans que nous en gardions de trace consultable ? L'inflation de l'information ne noie-t-elle pas le poisson dans le fleuve ? Selon quels critères sélectionnerons-nous quotidiennement les productions significatives de cette culture liquide ? L'esprit et les mains occupés par cette surabondance, prendrons-nous même le temps de conserver ?

À supposer que nous fassions cet effort et qu'il soit mené selon une hiérarchie de valeurs qui correspondrait à nos intérêts futurs, à quelle technologie pourrons-nous confier en toute tranquillité nos trésors ? Aux disques durs des compagnies qui hébergent les sites Web ? Nous avons l'illusion que ce qui est mis en ligne, ce que nous confions au nuage numérique, est en sécurité parce que nous y accédons aujourd'hui facilement (à condition de se souvenir de nos innombrables mots de passe). Quelle garantie avons-nous que ces entreprises ou même ces institutions publiques auront à cœur d'actualiser périodiquement cette énorme masse de contenus ? Le feront-elles lorsque leurs auteurs – particuliers, compagnies ou institutions – auront disparu ? En auront-elles la motivation, les moyens financiers et techniques ? Comment croire qu'aucun virus, qu'aucune cyberguerre ne les détruiront ? Qui continuera à payer mon fournisseur d'accès quand je serai mort, alors que j'ai confié au site qu'il héberge mes textes, mes images, mes vidéos ? Quelle assurance ai-je que YouTube existera encore dans cinquante ans ? Aucune.

La cathédrale de Chartres et le Taj Mahal coûtent cher à entretenir. Mais Chartres et le Taj Mahal demeurent. Les ouvrages des écrivains du XV^e^ siècle perdurent aussi ; et si nous avons pu les préserver jusqu'à aujourd'hui pour les mettre en libre accès sur l'internet, c'est que le papier a la vie dure et que la dissémination des copies est une assurance de préservation. Qu'en sera-t-il de nos masters numériques dans cinq siècles ? Mille copies d'un livre papier réparties au hasard de sa diffusion valent mieux qu'un seul fichier hébergé dans un nuage de la plus haute technologie.

Nous connaissons bien l'antiquité grecque. Mais si les Grecs avaient eu, il y a deux mille cinq cents ans, l'internet dont nous disposons aujourd'hui, avec tous les développements numériques sophistiqués que nous inventons chaque jour, nous ne saurions plus grand-chose d'eux. Ce sont leurs sculptures, leurs mosaïques, leurs objets de cuivre et de bronze, leurs amphores et poteries de terre cuite, leurs céramiques et vases de verre, et même leurs rouleaux et *volumen* de papyrus et leurs parchemins qui ont permis que la mémoire de leur civilisation soit préservée jusqu'à nous.

Et c'est peut-être le papier qui sauvera la mémoire du numérique ! Cette culture que nous développons fébrilement aujourd'hui sur les réseaux risque de disparaître à jamais si nous ne la conservons pas aussi dans des livres et sur des supports stables. Car nous pouvons aussi nous interroger sur l'espérance de vie de nos gratte-ciel d'acier et de verre en comparaison des pyramides d'Égypte, des temples d'Angkor, de l'Acropole, du Colisée, des aqueducs ou de la Via Appia.

Rares sont ceux qui prennent conscience de l'amnésie qui guette notre civilisation de l'internet. Le fait est que plus une technologie est sophistiquée, plus elle est périssable. Le numérique nourrit une culture sans mémoire. Les œuvres s'y multiplient en s'effaçant comme les vagues sur la plage. Est-ce que nous ne méritons pas mieux ?

## Le schisme générationnel

Ceux qui demeurent sceptiques parmi les baby-boomers d'avant la naissance du numérique reconnaissent de mauvaise grâce les vertus de la révolution technologique, mais ils doivent s'incliner, pour le meilleur et pour le pire, devant l'évidence, voire la banalité du numérique pour les nouvelles générations. Les natifs de l'internet ne se posent souvent même plus de questions à ce sujet, si ce n'est pour demander toujours plus de vitesse et de puissance miniaturisée. Alors que je dénonce depuis ses débuts la naïveté qui incite tant d'adolescents à étaler leur vie privée sur les réseaux sociaux sans se soucier des usages malveillants et effets pervers auxquels cette convivialité complaisante les expose, je dois constater que je prêche dans le désert. Il est clair qu'aucun avertissement – qu'il vienne des institutions publiques ou des commentateurs – ne semble avoir d'effet sur la nouvelle génération, qui ne voit aucun mal à s'abandonner avec délice à la transparence numérique. Inutile de résister, nous dit-elle : c'est le sens de l'évolution, et la technologie est trop puissante : ce serait une bataille perdue d'avance – et ringarde – que de tenter d'échapper au cyberespace cristallin. Nous nous retrouvons dans un monde sans ombres et sans recoins cachés, comme dans les peintures primitives. Nous habitons des espaces privés sans murs, ni portes, ni volets. L'utopie de l'innocence numérique est puissante.

Il est vrai que le succès explosif des médias sociaux, leurs vertus incontestables de convivialité, et leur usage fréquent pour de bonnes causes, ont imposé d'eux une image très positive. Si le cyberespace est vraiment un éden, il est beaucoup plus séduisant que le monde réel que dominent encore la suspicion et le mal. Mais comment le croire, alors que la fraude, la criminalité, la prédation sexuelle, l'exhibitionnisme de la violence, le harcèlement y sont si présents !

Nous sommes confrontés à un schisme générationnel, au sein de la même Église numérique, entre les immigrants de la vieille génération (dont je suis), qui sont encore prudents, voire méfiants, ce qui n'exclut pas une fascination critique, et les natifs du cybermonde, pour qui le numérique est aussi naturel que l'oxygène qu'ils respirent. Inutile de prétendre les raisonner : c'est une foi qui est aveugle, comme toutes les fois. Seul le principe de réalité qui ne manquera pas de se manifester, non sans douleur, pourra éventuellement les ramener sur terre, comme au sortir d'un *bad-trip*. Encore heureux que le vieux monde, si décevant qu'il puisse paraître, soit toujours là pour les accueillir !

Parmi les thématiques récurrentes dans les œuvres et les écrits des artistes actuels, on trouve une interrogation sur la disparition d'une image du monde cohérente et unitaire, comme nous en avons toujours connu dans le passé. Le changement tient pour beaucoup aux avancées de la science et de la technologie. L'instabilité, l'éphémérité de la matière et de l'énergie rendent le monde évanescent, ou à tout le moins insaisissable et anxiogène. Salvador Dali peignait des montres molles : le temps devenait élastique et la matière, coulante. Maintenant, nous avons des images « liquides ». La vitesse défait la permanence des images, mais aussi celle des objets eux-mêmes. Crée-t-elle cette nouvelle « esthétique de la disparition » qu'évoque Paul Virilio ? Nous voyons se multiplier des pratiques extrêmes, des visions apocalyptiques, ou post-apocalyptiques, mais aussi des conceptions de l'homme postbiologiques, posthistoriques, postnationales, posthumaines, etc. Et pourquoi ne pas parler alors de post-réalité ? Un sentiment de fin du monde s'impose, souvent associé à un désir opposé d'exploration d'une « nouvelle frontière » de la vie, où nous devenons les créateurs du monde, nous-mêmes inclus. Les deux postures coexistent.

Lorsque l'image du monde semble se défaire, c'est le plus souvent parce qu'une nouvelle image du monde est en cours d'élaboration, qui fait écho aux nouvelles structures sociales, aux changements idéologiques, aux avancées technoscientifiques, mais dont les contemporains n'ont pas encore conscience. Ce fut le cas à l'émergence de la Renaissance, du classicisme, du baroque, de l'impressionnisme, du fauvisme, du cubisme, du futurisme et du constructivisme, du surréalisme, de l'art abstrait, etc. Comment alors ne pas se demander quelle est la nouvelle cosmogonie qui se met en place aujourd'hui ? Les artistes, une fois de plus, vont-ils en être les découvreurs, voire les créateurs ? Ou laisseront-ils le rôle de pionniers aux scientifiques ? Devrons-nous admettre, pour la première fois, qu'une image cohérente du monde n'est plus possible ? Dans quel univers allons-nous alors basculer ? Serons-nous confrontés à une rupture anthropologique, à une image du monde radicalement nouvelle ?

Cette dimension numérique de la vie ne concerne encore qu'une minorité des adultes. Mais elle est déjà saturante pour les nouvelles générations. Et il semble qu'il ne sera bientôt plus nécessaire de rappeler que nous vivons dans un environnement numérique. Nous ne parlons de l'air que nous respirons que lorsqu'il est exceptionnellement pur ou pollué. Ou lorsqu'il manque. Mais nous avons déjà le ciel et les nuages numériques, l'écologie numérique. Nous allons bientôt devoir admettre la banalité du numérique.

# Conclusion

## *Et après?*

Le génie de Darwin était grand. Aujourd'hui, il penserait l'évolution en mode numérique. Il s'interrogerait sur l'évolution de l'ordinateur quantique, où 1 peut devenir 0 et inversement selon les contextes et les séries, augmentant considérablement la puissance de calcul. Cette flexibilité offre une beaucoup plus grande dynamique, à même de nous permettre de suivre en temps réel des processus biologiques ou atomiques complexes et volatils.

L'Âge du numérique repose actuellement sur le code binaire et la programmation d'algorithmes. Tout accident dans le code ouvre la porte à une dysfonction ou à un événement qui peut permettre la divergence. Mais les applications informatiques de la physique quantique ouvriraient de nouvelles voies.

Qui aurait pu imaginer que notre cosmogonie allait être transformée par l'adoption du code binaire? Sera-ce la fin du monde lorsque nous cesserons de programmer, lorsque viendra ce dernier 0 qu'aucun 1 ne suivra? Certainement pas, car le monde n'est pas numérique, même si on l'entend dire de plus en plus. Seule l'est son interprétation, et nous croyons qu'elle est « vraie » en raison de son efficacité instrumentale. Il n'y a pas plus d'algorithme créateur que de dieu créateur. Le code binaire n'est pas un souffle de vie. Il est un outil. Il n'est évidemment pas une loi de la nature, qui est tout sauf binaire et multiplie au contraire les arborescences foisonnantes et les divergences créatrices.

La suite dépendra de l'accident ou de l'événement qui viendra inévitablement faire diverger le code, en introduisant un scénario inédit. Le succès spectaculaire du code binaire et l'impact du numérique dans toutes les activités humaines laissent augurer de multiples développements à long terme. Pourtant, rien n'est éternel. Il y a eu un avant: l'invention de l'alphabet phonétique et du caractère mobile d'imprimerie. Et il y aura un après.

La découverte de l'ADN a mis en évidence un langage à quatre lettres. Ce modèle de structure, qui semble très simple par rapport à la complexité de la vie, nous invite à coup sûr à nous interroger sur ce que pourrait être dans le numérique un code à trois ou quatre lettres. Mieux: la question est déjà d'actualité. Dans un article de la revue *Science* d'août 2012, une équipe de recherche dirigée par George Church, un biologiste de synthèse de l'école médicale de Harvard, affirmait avoir stocké un livre entier dans un picogramme (un milliardième de gramme) d'ADN synthétique. Cet ADN est plus stable que l'ADN vivant, nous dit-on, donc sans doute moins complexe, mais qu'importe. Guillaume Champeau, de la revue *Numérama*, rapportait que l'équipe de Harvard a mis au point « une imprimante chargée de déposer des fragments d'ADN synthétisé sur une petite surface en verre. À la place du langage binaire (0 et 1) utilisé traditionnellement dans l'informatique, les 5,37 mégaoctets de données du livre de génétique coécrit par George Church ont été encodés selon l'alphabet de l'ADN, en séquences de A, C, T et G. Chacun des fragments possédait par ailleurs un en-tête permettant d'identifier sa place dans l'ensemble du "fichier". Et Champeau notait que c'était « peut-être la technologie d'avenir pour le stockage d'immenses quantités de données », puisqu'un seul gramme d'ADN peut contenir « des milliards de gigaoctets de données ».

Une autre voie envisageable est, on l'a dit, celle de la physique quantique. Les recherches sur un ordinateur quantique ont commencé en 2000. Elles progressent, mais il faut encore une température de fonctionnement proche du zéro absolu. Au printemps 2012, Matthias Steffen, responsable de l'équipe de recherche quantique chez IBM, a déclaré, lors de la conférence annuelle de l'American Physical Society : « Le travail sur le calculateur quantique que nous faisons n'est plus seulement une expérience des forces brutes de la physique. [...] Il est temps de créer des systèmes fondés sur la science quantique qui porteront le calcul par des ordinateurs vers une nouvelle frontière. » Et il espère y parvenir d'ici dix ans. Comme un bit, un qubit peut avoir la valeur 1 ou 0, mais aussi posséder ces deux valeurs en même temps, « en superposition ». Cette maîtrise plus poussée de la structure atomique de la matière/énergie, si nous l'atteignons un jour, nous donnera une puissance interprétative et instrumentale encore plus grande sur la nature. Elle hybridera sans doute nos modélisations de l'énergie et de la vie, la physique et la bio-informatique.

Nous envisagerons certainement à l'avenir des codes à trois, quatre positionnements et plus. Ou alors, la recherche portera sur une dynamique du code binaire, où 1 et 0 seront en mouvement, là et ailleurs en même temps. Après cette simplification extrême et stable que nous avons construite avec l'informatique actuelle, nous pouvons prévoir une complexification qui répondra mieux à la multiplicité du réel, pour prendre en compte la dynamique de la matière/énergie, mieux la modéliser et mieux l'instrumenter.

Nous dépasserons l'aspect trop linéaire du code binaire actuel. Comme la pensée postrationnelle, le numérique, lui aussi, se déploiera en arabesque. Il pourra diverger et non pas seulement coder et répéter ce qui est. Mais nous n'en sommes pas là. Ce que fait sans doute déjà la vie dans sa volonté-monde, nous ne saurions l'envisager aujourd'hui et encore moins l'assumer. Nous sommes encore beaucoup trop éloignés de la sagesse ou de la maturité psychique requise pour pouvoir nous exposer à de tels risques. Mais le moment venu, nous maîtriserons cette nouvelle divergence du numérique. Alors arrivera le temps du post-binaire.

## *Le retour du réel et la nostalgie du numérique binaire*

Comme l'a évoqué Jean Baudrillard dans une vision apocalyptique, la société des écrans en viendra-t-elle inévitablement à cannibaliser le réel ? J'en doute. On est toujours malavisé d'abuser de la pensée catastrophique, aussi fascinante que puisse être la peur.

Pour le moment, nous cultivons encore le fantasme d'échapper au réel dans une euphorie énergisante, en apesanteur dans le numérique. Cela ne durera pas toujours. D'une part, parce que le numérique se banalisera et perdra de son merveilleux, et d'autre part, parce que le postbinaire rendra sans doute beaucoup mieux compte de la complexité du réel et parce que, notre interprétation du numérique comme du réel ayant évolué, nous ne pourrons plus affirmer, célébrer et hypostasier comme aujourd'hui, complaisamment ou par peur, leur différence abyssale.

Un jour viendra inévitablement où nous éprouverons une nostalgie du réel, une nostalgie de l'analogique et de la matière. Reste à deviner comment s'opérera le retour du réel. Mais de quel réel parlons-nous ? Certainement pas de l'image de la réalité, qui est un mélange d'instrumentation, d'intentionnalité et d'interprétation. Ce réel sera de plus en plus hybride. Si l'image n'est plus ce qui permet de discriminer entre réalité et synthétique, ne devrais-je pas me fier plutôt à ce qui relève de l'expérience, de l'intensité existentielle du réel ? Dans ce cas, la distinction entre le rêve et le réel demeure subtile. Mais je ne saurais nier de bonne foi, lorsque je parle de l'expérience du réel, l'existence de la souffrance. Je ne doute pas un instant de sa réalité. Et je peux en donner la preuve par l'inverse : si j'éprouve une grande joie, ce sentiment me semble souvent irréel. Comme un rêve euphorique. Il est étonnant de découvrir que l'injustice et le scandale moral sont les déterminants les plus incontestables de mon sentiment de réel. C'est finalement ma conscience éthique qui m'impose le plus puissamment ma conscience du réel. Je ne peux pas échapper à la réalité de la souffrance et de l'injustice, ni la nier en me réfugiant dans le virtuel. Métaphysiquement, ontologiquement irréductible, elle est.

Un jour viendra aussi où nous éprouverons la nostalgie de l'âge d'or du numérique et de son exotisme. Ainsi va le yo-yo de nos désirs et de nos évasions, depuis toujours. Une sorte de balance mythique de notre attachement fœtal et de notre conquête d'autonomie, de notre culte de l'unité et de nos inventions de héros dans lesquels nous incarner, de notre conservatisme et de nos espoirs de divergences.

La nature que nous craignions tant nous est revenue au XIX^e^ siècle avec le visage d'une nymphe romantique ; à présent, elle vire au politique les jours ouvrables et se met au vert avec nous en fin de semaine. De quoi aura l'air le réalisme lorsqu'il fera son retour sur scène ? De l'instrumentation d'une nouvelle matière première ? Ou d'un âge d'or perdu, comme dans le film *Soleil vert* de Harry Harrison et Richard Fleischer ? En userons-nous comme d'une drogue, comme les alpinistes de l'extrême ? Ou en ferons-nous une fiction métaphysique ? Créerons-nous des zones protégées, sous d'immenses dômes de plastique, réservées au tourisme récréatif et aux espèces en voie de disparition ? Ou ce retour du réalisme prendra-t-il le visage de la douleur et de la guerre ? Celui de l'exploitation des faibles ? Celui de la dictature ?

Dans tous les cas, ce ne sera plus jamais ce bon vieux réalisme que nous avons appris à toucher et à célébrer avec Gustave Courbet, Claude Bernard, Émile Zola, Renoir, Bonnard, le pop art, l'hyperréalisme ou les nouveaux réalistes de Pierre Restany. De nouveaux artistes et de nouveaux écrivains lui feront prendre d'autres formes et l'investiront d'autres valeurs. Peut-être que ce que nous appellerons « la réalité » sera un hybride d'une réalité augmentée, formatée par des informations venues d'autres domaines (politiques, économiques, scientifiques, écologiques ou de divertissement). Ce sera une nouvelle naturalité.

À l'âge du numérique, le réalisme a perdu de sa crédibilité au profit de la modélisation virtuelle. C'est en ce sens que nous parlons d'hypernaturalité. Pour autant, nous ne saurions dire que la nature est devenue post- ou transnaturelle, voire artificielle: la vision que nous en avons a toujours été chargée de significations humaines et la technoscience en est partie prenante tout autant que l'imaginaire et la logique cognitive des liens que nous y construisons dans nos interprétations, et même dans nos modélisations algorithmiques de la vie.

C'est en ce sens que je la représente moi-même selon les codes binaires de ses interprétations numériques, selon le code à quatre lettres de l'ADN, selon les variations de nos représentations ondulatoires et de nos diagrammes quantitatifs. Ce sont autant de « mythogrammes », d'images iconisées des mythes selon lesquels nous la pensons. Ainsi, la nature paysage ou paysagée, la nature impressionniste du plein air, la nature naturante de la création, la nature naturée par les hommes, toutes ces déclinaisons de l'idée de nature au cours de l'histoire relèvent des imaginaires sociaux, des mythes qui ont fourni chaque fois une matrice et un langage métaphorique de base à nos interprétations de la vie et de la destinée humaine. Il faut prendre conscience de la cohérence de notre figuration de l'univers à l'âge du numérique, avec la métaphore des hyperliens. En évoquant la nature matérielle, nous demeurons toujours dans une interprétation imaginaire. Il y a là un rappel d'une philosophie matérialiste qu'on oublie trop souvent et qui permet d'échapper aux fausses oppositions, qui sont si fréquentes: perception des sens et algorithmes, nature artificielle et nature vivante, nature scientifique et nature « en soi », nature et technologie, nature et culture, culture et technologie, etc.

Le retour du réel prendra la figure du prochain mythe fondateur que nous inventerons, et qui ne peut pas être le numérique, qui n'est qu'un code. Le numérique n'est que la boîte à outils actuelle du mythe de la puissance humaine vers lequel nous voguons depuis toujours. Le retour du réel se fera sous le signe de notre puissance créatrice, autrement instrumentée et autrement orientée quant à sa gamme de valeurs.

Nous sommes fascinés par les vertus magiques du virtuel, au point d'oublier combien le réel est extraordinaire et surprenant. Le virtuel a sur nous le même pouvoir d'attraction et les mêmes effets pervers de dépendance qu'avait Dieu. Mais Dieu est passé date. Et cette révolution numérique ne doit pas nous aliéner face au phénomène prodigieux de la réalité et de la vie, comme le fit la religion. Parfois, le virtuel semble bien être devenu le nouvel « opium du peuple ». Gardons-nous de perdre le goût de découvrir le réel, d'en jouir et de le transformer, comme nous avons appris à le faire depuis la Renaissance. La réalité est un prodige inépuisable. Ma fascination critique pour le numérique demeure entière. Je ne vois simplement pas l'avantage que nous aurions à dévaloriser le réel. Le réel et le virtuel ne s'opposent pas. Ils se complètent. Tout est ici une question d'équilibre ; évitons la pensée binaire. Toute divergence a des racines dans le réel.

### *La divergence joyeuse*

Un matin de février 2013, à Ouagadougou, la capitale du Burkina Faso, je me suis levé tôt pour assister à la cérémonie du Faux-départ. Le Mogho Naba, roi empereur des Mossi, sort de son palais vêtu d'un magnifique habit rouge. Avec les meilleures raisons du monde, il a décidé de partir en guerre contre son frère. Il est fort en colère. Son cheval est prêt, harnaché, qui piaffe. On entend des coups de feu. Alors viennent le voir les chefs de village qui le supplient d'éviter la guerre. Un autre groupe s'approche et s'assied devant lui pour lui demander pardon, d'un geste répété du bras droit. Les chefs musulmans à leur tour lui expriment leur désir de paix. Le Mogho Naba écoute, consulte, puis rentre dans son palais. Et il en ressort bientôt vêtu de blanc, le vêtement de la paix. Son cheval est dessellé et repart joyeusement vers l'écurie. La paix a triomphé. Ainsi en a décidé un Naba bien conseillé. Cette cérémonie a lieu en public tous les vendredis matins, beau temps, mauvais temps. Tout son gouvernement de grands et de petits chefs y assiste. Mon voisin m'a confié qu'il y vient tous les vendredis, car cela lui porte chance pour la semaine entière. Le Faux-départ est une vieille leçon de sagesse humaine rituellement répétée chaque semaine, qui prend sa pleine valeur alors que la télévision donne chaque jour des nouvelles de la guerre qui surgit tantôt ici, tantôt là, pas loin, dans les pays voisins.

J'ai aussi eu le privilège de parler avec Laslé Naba Tigré, l'un des ministres du Naba. Il était en tenue traditionnelle. À sa hanche était suspendu le long couteau des chefs dans son fourreau décoré. Et dans sa main, il tenait trois téléphones mobiles qui vibraient et sonnaient à tout instant. C'est cette figure emblématique d'un même homme plongé dans deux époques que je scrutais attentivement. Avant de repartir pour l'Assemblée nationale dans sa puissante automobile, il m'a confié qu'il était aussi le fondateur de Belwet, une ONG qui se consacre à la promotion du biocarburant, et que sa fille faisait ses études dans ma ville, à Montréal. Et il m'a invité pour le dimanche à la fête annuelle au palais du Mogho Naba, qui promettait d'être aussi traditionnelle qu'animée. Voilà un homme qui s'accommode joyeusement de la divergence.

*La divergence éthique*

Nous avons tenté de démêler dans notre époque les vraies divergences des fausses. Nous avons évoqué des tendances, souvent confuses, paradoxales ou contradictoires, qui nous semblaient porteuses de divergences à venir. C'est un exercice nécessaire mais risqué, car il demeure linéaire, et nourri de constats souvent marginaux. Nous ne savons donc pas quelles divergences vont émerger soudain. Pour prendre vraiment conscience de la puissance de celles que créera l'humanité, il faudrait sans doute parler des mutations du futur, dont nous n'avons pas la moindre idée encore. Elles ne sont pas encore pensables... Mais elles sont possibles. Ainsi, une immense divergence s'esquisse déjà sous nos yeux depuis deux mille ans au moins, dont nous n'avons pas encore saisi la « nouveauté » et encore moins l'importance. Je veux parler de la divergence éthique. Le monde naturel est étranger à l'éthique. Il est régi par la loi du plus fort. Pas de compassion pour les faibles, pas de justice, pas de retenue face à la violence. C'est l'espèce humaine qui a inventé cette conscience éthique « contre nature ». Nous devons beaucoup au christianisme à cet égard. C'est assurément la religion qui a le plus contribué à la formulation de cette éthique au nom de l'amour du prochain et de la charité. Mais aujourd'hui, dans une société laïque, ce n'est plus pour assurer notre salut personnel que nous nous efforçons de nous conformer à cette éthique. Nous en sommes à la deuxième étape de son développement : elle n'est plus seulement individuelle, elle est devenue sociale, collective, planétaire même. Elle repose sur le respect des droits humains élémentaires de tous, par-delà la diversité des cultures. Elle nous incite à militer contre toutes les violences et exploitations, à secourir les victimes, à devenir pacifistes. Nous n'en sommes encore qu'au début de cette mutation, mais nous sommes de plus en plus nombreux à ressentir l'exigence d'une éthique planétaire : la plus extensive, la plus nécessaire, mais aussi la plus difficile de toutes les divergences du futur.

Une divergence n'est pas nécessairement un bien en soi. Nous en avons connu de bonnes et des mauvaises. L'impressionnisme n'est pas un progrès par rapport au classicisme, mais un changement. Le passage de l'âge du feu à l'âge du numérique demeure ambivalent, en ce sens que le progrès qu'il nous fait espérer dépendra de l'usage que nous ferons de sa puissance. Seule la divergence éthique planétaire constituera un progrès que personne ne pourra raisonnablement nier. Les modalités d'application de l'éthique peuvent varier selon les contextes historiques et culturels, mais le principe de l'éthique planétaire est un absolu, le seul absolu auquel les hommes peuvent prétendre. Elle devrait être le gouvernail et la quille de l'esquif *Humanité*.

## *Inverser le mythe cosmogonique*

Nous avons attribué notre création et celle de l'univers à des dieux, puis à un Dieu unique. La divergence du futur nous fera inverser ce schéma. Nous le savons aujourd'hui : nous sommes nés de la mer avant de rejoindre les animaux terrestres et de nous redresser. Au cours d'une lente évolution, nous avons réussi l'extraordinaire accomplissement de dominer la nature. Et un jour, en un lointain jour de ce futur que nous créons, nous deviendrons des dieux. Nous serons d'abord semblables à ceux qu'avaient inventés les Grecs, encore animés par les passions et régis par nos trois instincts, ceux de Prométhée, d'Éros et de Thanatos. Puis, nous deviendrons des dieux accomplis, qui honoreront une éthique planétaire. C'est alors seulement que nous serons des dieux véritables. Pas des immortels, mais des dieux qui se reproduiront et se répandront dans l'univers sans le détruire, l'honorant comme eux-mêmes. Nous aurons apaisé nos désirs, comblé nos manques d'hommes. Mais nous aurons encore la tâche incessante, dans une ultime divergence à peine imaginable, d'inventer la justice préventive et compensatoire qui fait si cruellement défaut à la nature. Nous ne pourrons plus dire, comme Spinoza, *c'est ainsi.* Il faudra aller encore plus loin dans l'éthique. Et lorsque nous y parviendrons, nous aurons achevé le long cheminement de toutes les divergences, depuis l'origine des temps. Et alors, il n'y aura plus d'art ni d'éthique, puisqu'il n'y aura plus d'écart. Nous seront l'être même du monde accompli.

## Table des matières

2. Les fausses divergences



3. Les divergences du futur

## 4. L'émergence d'une nouvelle nature



## 5. Le vieux monde va-t-il disparaître ?

Cet ouvrage composé en Celeste corps 12 a été achevé d'imprimer en France
par CPI Firmin Didot en février 2015 (126682)
pour le compte de VLB ÉDITEUR.